Atticus & ἐπιΣτοὰ

Detlev Schild

Staat
Rechtsstaat
Europäische Union

Basiswissen Staatsbürgerkunde

civica

© Atticus GmbH, Göttingen, 2023

All rights reserved

Design: Atticus

www.atticuspub.eu

Printed by FINIDR, Český Těšín (CZ)
ISBN 978-3-96925-017-4

Abbildungen 1 und 3: gemeinfrei

Inhalt

VORWORT

Das Zusammenleben in einem Staat unterliegt einem Dickicht von Regeln und Gesetzen, in dem man leicht den Wald vor lauter Bäumen nicht sieht. In der Schule wird Staatsbürgerkunde meist nur relativ knapp vermittelt. Darstellungen im Internet sind oft genauso vielfältig wie verwirrend; sogar grundlegende Begriffe wie z.B. Demokratie und Rechtsstaat werden oft miteinander verwechselt.

Der vorliegende Text richtet sich an alle, die einen Überblick über die Staatsbürgerkunde suchen, Es werden unter anderem Antworten auf folgende Fragen gegeben:

- was ist ein Staat, ein Bundesstaat, ein Staatenbund?

- was sind Staatsbürger, was Staatenlose?

- was ist Demokratie, wer der Souverän ?

- was sind Legislative, Exekutive und Judikative?

- was ist Gewaltenteilung?

- was ist ein demokratischer Rechtsstaat?

- was ist eine Verfassung und was wird darin geregelt?

- was sind Grundrechte und Grundpflichten?

- was ist die UNO, was die NATO, was die EU?

- was sind die Europäischen Werte?

Am Schluss des Textes finden sich Anregungen und Fragen zur Vertiefungen der Thematik.

Teil I

Der Staat

Der Mensch (homo sapiens) bevölkert seit etwa 300.000 Jahren diesen Planeten; etwa 99 % dieser Zeit verbrachten die Menschen als Nomaden. Staaten gab es noch nicht. Erst in den allerletzten ein bis zwei Prozent dieser Zeitspanne – also in den letzten drei- bis sechstausend Jahren – bildeten sie staatsähnliche Gebilde und Staaten, in einigen Gegenden der Welt früher, in anderen später.

Heute gibt es 205 Staaten auf der Erde, in denen etwa acht Milliarden Menschen leben. 193 dieser Staaten sind Mitglieder der Vereinten Nationen (UNO, United Nations Organization) und allgemein anerkannt, zwölf Staaten sind dies zur Zeit nicht.

Jeder Staat hat drei Elemente:

- ein Staatsvolk,

- ein Staatsgebiet mit Staatsgrenzen und

- eine Staatsgewalt.

Fehlt eines dieser drei Elemente, kann man nicht von einem Staat reden.

Zum Beispiel leben Nomadenvölker wie die Samen in Nordskandinavien oder die Tuareg in der Sahara nicht in festen Grenzen und bilden daher keine Staaten.

Die Bildung und Umbildung von Staaten findet bis in unsere Tage statt. Der letzte Staat, der der internationalen Staatengemeinschaft beitrat, war der Südsudan (in 2011).

I. Staatsvolk

Das Staatsvolk sind die Staatsangehörigen eines Staates. Wie wird jemand Staatsangehöriger? Dafür gibt es zwei grundsätzlich verschiedene Prinzipien:

> *ius soli* („Recht des Bodens", Geburtsortsprinzip):
>
> Jemand, der auf dem Boden eines Staates geboren wird, wird dadurch Staatsbürger dieses Staates.
>
> *ius sanguinis* („Blut"- oder Abstammungsprinzip):
>
> Kinder erhalten die Staatsbürgerschaft der Eltern, wenn diese (oder mindestens ein Elternteil) Staatsbürger des betreffenden Staates sind.

ius soli und *ius sanguinis* sind selten in der eben beschriebenen Absolutheit realisiert; in vielen Staaten gelten Mischformen, d.h. es gibt in manchen vorwiegend das *ius soli* und in anderen vorwiegend das *ius sanguinis*, aber in beiden Fällen gibt es Ausnahmen.

Zum Beispiel gilt in Deutschland generell das Abstammungsrecht (*ius sanguinis*): wenn also ein Elternteil die deutsche Staatsangehörigkeit besitzt, bekommen die Kinden diese automatisch übertragen. Es gibt aber etliche Ausnahmen vom *ius sanguinis*. Eine Ausnahme ist die Adoption. Eine andere ist die Einbürgerung von Ausländern oder Staatenlosen, die bestimmte

Bedingungen erfüllen (z.B. Sprachkenntnisse, eigener Unterhalt und Aufenthaltsdauer). Die Einbürgerung geschieht dann durch einen Staatsakt, bei dem der neue Staatsbürger sich zu Verfassung und Gesetzen bekennen muss. Hat jemand die deutsche Staatsangehörigkeit einmal erlangt, darf sie ihm oder ihr nicht wieder entzogen werden.

In den Vereinigten Staaten von Amerika und vielen anderen Staaten jenes Kontinents gilt nicht das *ius sanguinis*, sondern das *ius soli*. Aber auch hier gibt es Ausnahmen, die eine Einbürgerung möglich machen.

Die einzelnen Staaten regeln die Details jeweils in Staatsangehörigkeits- und Einbürgerungsgesetzen.

Der Ausdruck „EU-Bürger" klingt so, als gäbe es eine europäische Staatsbürgerscharf; auch der Reisepass-Aufdruck „Europäische Union" läßt Ähnliches vermuten. Aber eine EU-Staatsbürgerschaft gibt es nicht; es kann sie auch nicht geben, denn die EU ist kein Staat, sondern ein spezieller Staatenbund.

II. Staatsgebiet

Jeder Staat hat in einem gewissen Gebiet die Hoheit, das heißt, er kann in diesem Gebiet Herrschaft ausüben. Das betrifft auch den über dem Boden liegenden Luftraum.

Bei einfach zusammenhängenden Staatsgebieten – wie zum Beispiel Tschechien oder Luxemburg – ist die jeweilige Grenze eine einfache Linie, die das Staatsgebiet umschließt.

Bei vorgelagerten Inseln wie etwa in den Niederlanden, Deutschland, Frankreich, Italien, Griechenland oder Spanien ist der Grenzverlauf erheblich komplizierter. Manchmal sind die Inseln in der Nähe vorgelagert wie bei den westfriesischen Inseln (Niederlande) oder den ost- oder nordfriesischen Inseln (Deutschland); dann sind sie in das Hauptstaatsgebiet eingeschlossen, denn dieses geht ohne jede Einschränkung bis zu der Linie, wo das Wasser bei Tiefebbe steht. In den sich anschließenden Gewässern ist der Grenzverlauf meist auf zwölf Seemeilen festgesetzt. In anderen Fällen liegen die Inseln – etwa einige Inseln Spaniens oder Frankreichs – weit vom Mutterland entfernt. In solchen Fällen gliedert sich das Staatsgebiet in nicht zusammenhängende Gebiete.

In wiederum anderen Fällen sind Teile eines Staates nicht durch Meere, sondern durch andere Länder vom Hauptstaatsgebiet getrennt. Dies ist zum Beispiel bei der Kaliningradregion Russlands der Fall, die an der Ostsee zwischen Litauen und Polen liegt. Zwischen Russland und dieser Region liegen Belarus und Litauen oder Polen. Solche Gebiete heißen Exklaven: Die Kaliningradregion ist also eine Exklave Russlands.

In der Europäischen Union hat man sich daran gewöhnt, dass sich Staatsgebiete und ihre Grenzen nicht verändern. Dies war im Verlauf der Geschichte allerdings nicht die Regel. Die beiden Karten der Abbildung 1 zeigen die enormen und komplexen territorialen Veränderungen in der Zeit des Ersten Weltkriegs.[1]

Die Vergrößerung des Staatsgebiets war nicht nur im Ersten Weltkrieg, sondern fast regelmäßig Kriegsziel; so auch im Zweiten Weltkrieg. In beiden Kriegen mussten die Kriegsverursacher am Ende allerdings erhebliche Gebietsverluste hinnehmen.

Die friedliche Gründung neuer oder wiedergegründeter Staaten wie nach dem Zerfall der UdSSR ist in der Geschichte die Ausnahme.

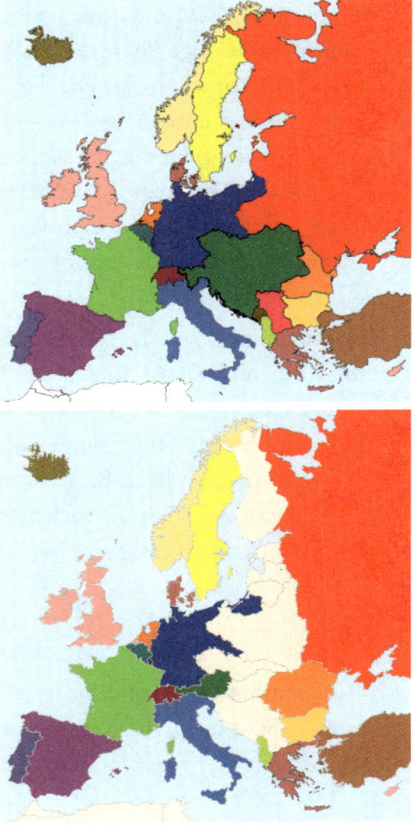

Abb. 1: Staatsgebiete vor und nach dem Ersten Weltkrieg (1914-1918). Es gibt neu geschaffene Staaten (z.B.: Tschechoslowakei), nunmehr geteilte (Österreich, Ungarn), untergegangene (Montenegro, Serbien) und wieder-gegründete Staaten (wie Polen und die Baltischen Staaten). Die Kriegs-verursacher Deutschland und Österreich-Ungarn erfuhren große Gebiets-verluste, während z.B. Rumänien und Italien vergrößert wurden. Wenige Staaten Mitteleuropas erfuhren keine Gebietsänderungen.

Erst seit der Gründung der EU (und ihrer Vorläufer) vor etwa 70 Jahren war in Europa eine lange Phase der Stabilität und des Friedens eingetreten, unterbrochen durch den Kosovokrieg 1998/99 und beendet durch die russische Invasion der Ukraine im Jahr 2022. Die lange Friedensphase stellte sich bemerkenswerterweise nicht ein durch die Abgrenzung von Staaten gegeneinander, sondern durch verstärkte Zusammenarbeit, eine gemeinsame Währung in einer zunehmenden Anzahl von EU-Ländern und weitgehende Öffnung der Grenzen.

In diesem Zusammenhang sei das Elsass (Alsace, heute: Département Haut Rhin und Département Bas Rhin) als ein Beispiel dafür genannt, dass ein Gebiet in kriegerischen Auseinandersetzungen und unter großen Opfern mehrere Male die Zugehörigkeit zu dem einen oder anderen Staat wechseln musste, weil es (u.a.) darum ging, die Grenze zu verschieben, ein Problem, das bei offenen Grenzen kaum relevant ist.

III. Staatsgewalt

Die Staatsgewalt – neben Staatsvolk und Staatsgebiet das dritte Element jedes Staates – dient dazu, die Regeln und Gesetze des Staates im täglichen Leben durchzusetzen, d.h. sie wirksam werden zu lassen.

Die ersten beiden Elemente – also das Staatsvolk und das Gebiet, auf dem es lebt – erscheinen unmittelbar klar und notwendig, denn ohne Volk gibt es natürlich keinen Staat und ohne Gebiet auch nicht[2]. Wie und von wem aber die Staatsgewalt ausgeübt werden sollte, ist eine sehr viel komplexere Frage.

Die Staatsgewalt kann in der Tat auf äußerst unterschiedliche Weise ausgeübt werden. In jedem Fall hat der, der sie besitzt, die Macht, die Regeln und Gesetze des Staates zu erlassen und bei allen anderen durchzusetzen. Er steht also in der Machthierarchie des Staates oben: Er ist der Souverän. Dies wird auch in manchen konkreten Dingen klar: ein Thron, eine Kanzel oder der Sitz eines Parlamentspräsidenten[a] sind in der Regel nicht auf gleicher Höhe mit der Allgemeinheit angeordnet. Der Ausdruck Souverän (fr.: souverain, souverenne, it.: sovrano, sovrana, engl.: sovereign leitet sich über *sovranus* von *super* (lat.: oben) ab.

Wer die Staatsgewalt innehat (= wer der Souverän ist) und wie dies genau passiert, ist in aller Regel in der Verfassung eines Staates festgesetzt. Diese setzt die rechtliche Grundordnung eines Staates fest (s.u.). Wie in vielen anderen Sprachen wird sie auch Konstitution genannt (engl. und franz.: constitution), abgeleitet vom lateinischen Verb *constituere* = festsetzen, bestimmen. Verfassungen und Ausübung der Staatsgewalt sind von Staat zu Staat äußerst verschieden: zum Beispiel übt eine Diktatur die Staatsgewalt ganz anders aus als ein demokratischer Rechtsstaat.

Die Existenz des Souverän in einem Staat bedeutet auch, dass der Staat als ganzes souverän ist: der Staat selbst – und keine äußere Macht – bestimmt über seine inneren Angelegenheiten (es sei denn, der Staat hat einen Teil seiner Kompetenzen an einen Staatenbund übertragen, s. S. 73 - Staatenbünde).

---

a Wird bei der Nennung von Berufsbezeichnungen, Ämtern etc (z.B. Kanzler/Kanzlerin) nur ein Geschlecht benutzt, ist stets auch das andere gemeint.

STAATSFORMEN

Die Staatsformen wurden vor mehr als 2000 Jahren von dem griechischen Historiker Polýbios (ca. 200 bis 118 v.Chr.) in drei Grundtypen eingeteilt und bemerkenswerterweise hat sich seine Einteilung bis heute als sinnvoll und treffend erwiesen. Je nach dem, wer die Staatsgewalt ausübt, spricht man von Alleinherrschaft (Monarchie), Mehrherrschaft (Aristokratie) oder Volksherrschaft (Demokratie):

Staatsformen		Die Staatsgewalt liegt bei
Monarchie	(Tyrannis)	einer Person
Aristokratie	(Oligarchie)	einer Personengruppe
Demokratie	(Ochlokratie)	dem ganzen Staatsvolk

Dabei sind Tyrannis, Oligarchie und Ochlokratie die jeweils ins Negative gekehrten Formen von Monarchie, Aristokratie und Demokratie. Monarchie, Aristokratie und Demokratie haben primär das Gemeinwohl im Sinn, während Tyrannis (Gewaltherrschaft), Oligarchie und Ochlokratie (Pöbelherrschaft) vorwiegend den Interessen der Herrschenden dienen.

Alleinherrscher hatten unterschiedliche Amtsbezeichnungen, zum Beispiel König, Kaiser oder Zar.

Zusätzlich zu diesen sechs gibt es noch die Staatsform der Diktatur. Im antiken Rom wurde in Situationen staatlichen Notstands ein Diktator zur Behebung des Notstands eingesetzt. Der Begriff „Diktator" war damals also positiv belegt. Heute werden die Begriffe Diktatur und Diktator ausnahmslos für die Herrschaft einzelner Personen oder Gruppen verwendet, die unkontrolliert und mit unbeschränkter Macht ein Staatsvolk regieren (z.B. Militärjunten oder Einparteiensysteme).

Die Benennungen der von Polýbios eingeführten Staatsformen kommen nicht zufällig aus dem Griechischen; der Name der in Rom entstandenen Diktatur aus dem Lateinischen:

Monarchie: Alleinherrschaft (*mónos*: allein)

Tyrannis, Diktatur: Gewaltherrschaft (*dictare*: befehlen)

Aristokratie: Herrschaft der Besten (*áristoi* = die Besten)

Oligarchie: Mehrherrschaft (*olígoi* = einige)

Demokratie: Volksherrschaft (*démos* = Volk)

....-archie von *árchein* = herrschen

....-kratie von *krátos* = Macht

Führende Staatstheoretiker der Antike hatten schon erkannt, dass eine Kombination der o. g. Grundtypen von Staatsformen (Monarchie, Aristokratie und Demokratie) die beste Staatsform sei. Dies war zum Beispiel in der Republik des Antiken Rom realisiert: es gab zwei sich abwechselnde Konsuln als monarchisches, den Senat als aristokratisches und die Volksversammlung als demokratisches Element. Mit dieser ausgewogenen Verteilung der Staatsmacht war die Republik Rom (die *res publica*) sehr lange – etwa 500 Jahre – stabil und Vorbild für viele andere Saaten. Es ist kein Zufall, dass etwa zwei Drittel aller heutigen Staaten den Begriff Republik (republic etc) im Namen führen.

Polýbios hatte auch schon erkannt, dass Staatsformen oft einem wiederkehrenden Wandel unterliegen: Zum Beispiel ließen sich kompetente und erfahrene Führungspersönlichkeiten noch nie gern von einem vielleicht auch noch inkompetenten Alleinherrscher kommandieren, und stürzten diesen, sobald sich eine Möglichkeit dazu ergab. So ging oft eine Alleinherrschaft in eine Aristokratie über.[3]

Die Nachfahren der Aristokraten waren aber bisweilen weniger kompetent und weniger erfahren, und hatten vor allem ihre perönlichen Vorteile im Blick. So ging die Aristokratie oftmals in eine Oligarchie über. Polýbios hatte auch schon die „Herrschaft der Reichen", die Plutokratie, als Unterform der Oligarchie erkannt.

Einige - meist in Diktaturen angesiedelte - Milliardäre, die über Wirtschaftsimperien herrschen, werden in den Medien bisweilen als "Oligarchen" bezeichnet. Diese Bezeichnung ist irreführend und unsinnig, wenn die "Oligarchen" keine staatliche Herrschaft ausübern. Aber Berlusconi, Trump und andere Milliardäre, die in Zukunft nach der Staatsmacht greifen könnten, verdeutlichen die Aktualität des Gedankens.

Die Demokratie konnte und kann auch heute in eine Ochlokratie entarten:, wobei heutzutage durch eine neue Struktur der Medien ein schlecht informiertes oder gar manipuliertes Wahlvolk eine Gefahr darstellen kann. In Krisensituationen ruft ein solches Wahlvolk nicht selten nach Sicherheit und einem „starken Mann", was die Gefahr eines Übergangs in eine Alleinherrschaft in sich birgt. Die Verfassung eines demokratischen Rechtsstaats, insbesondere eine funktionierende Gewaltenteilung, schließt diesen Übergang allerdings aus (s. u.).

In den Demokratien der Antike hatten Zugewanderte, Sklaven und Frauen kein Wahlrecht. Das Frauenwahlrecht fehlte allerdings nicht nur in der Antike, sondern setzte sich generell nur sehr langsam durch. Einige Beispiele: In Estland, Lettland und Deutschland wurde es 1918 eingeführt, in Frankreich 1944, in Italien 1946, im Schweizer Kanton Appenzell Innerrhoden 1990 und in Saudi Arabien 2015.

Monarchen gründeten ihre Herrschaft oft auf eine Religion. Sind Staat und Religion dabei untrennbar miteinander verknüpft, redet man von einer Theokratie (gr.: *theós* = Gott). Staatsoberhaupt und Religionsoberhaupt sind in diesen Fällen dieselbe Person, bilden also eine Personalunion. Es gibt auch heute noch Staaten, in denen Staatsoberhaupt und Religionsoberhaupt dieselbe Person sind, z.B. der Iran oder der Vatikanstaat.

DEMOKRATIEN

Das Wort Demokratie bedeutet: Volksherrschaft. Auf die ein
oder andere Weise herrscht das Staatsvolk; das Volk ist der Souverän (Abb. 2 B). Es gibt allerdings ein ganzes Spektrum demokratischer Staatsformen: von einmal demokratisch gewählten Herr-
schern, die sich zu Diktatoren entwickeln, bis zu demokratischen
Rechtsstaaten. Einteilen lassen sich Demokratien in

> - direkte (= unmittelbare) Demokratien,
> - repräsentative (= parlamentarische) Demokratien und
> - demokratische Monarchien.

I. Direkte Demokratien

Die direkte Demokratie ist in erster Linie ein Denkmodell und
kommt in Reinform heutzutage nirgendwo vor. Sie beschreibt einen einfachen Weg, wie der Volkswille realisiert werden könnte:
Die Bürger stimmten hierbei unmittelbar durch Volksentscheide
über alle Gesetze und Regeln ab. Theoretisch könnte das bei
überschaubaren Staatsvölkern funktionieren, allerdings nur wenn
die Staatsbürger zum Herrschen auch in der Lage sind.

In keinem Land der Welt sind direktdemokratische Prinzipien
so gut vertreten wie in der Schweiz, am meisten verwirklicht in
den Kantonen und Gemeinden, wo die Bürger im Rahmen ihrer
Zuständigkeiten über viele Regeln ihres Zusammenlebens selbst
direkt entscheiden. Allerdings ist die Schweiz seit 1848 ein Bundesstaat (*Confoederatio helvetica*) und daher keine direkte Demo-

kratie; sie nutzt allerdings auch auf Bundesebene mehr als jeder andere Staat Volksentscheide, d.h. den zentralen Mechanismus der direkten Demokratie.

II. Repräsentative Demokratien

Wie in allen Demokratien liegt auch bei der repräsentativen Demokratie die Staatsgewalt beim Staatsvolk, also bei den Staatsbürgern. Aber in einer repräsentativen Demokratie üben die Bürger ihre Macht nicht direkt, sondern indirekt aus, indem sie in periodischen Abständen **Volksvertreter** wählen.

Das Wort repräsentativ leitet sich ab vom lateinischen Verb *repraesentare* = ver*gegenwär*tigen, wieder in der Gegenwart oder anwesend sein. Die Idee ist also, dass das Volk durch seine Volksvertreter quasi anwesend ist, während die Vertreter in seinem Auftrag handeln.

Die Volksvertreter organisieren sich in **Parteien** und treten in der Regel auch als Mitglieder einer Partei zur Wahl an (es können sich aber auch parteilose Personen zur Wahl stellen). Parteien sind Vereinigungen mit politischen Zielen, welche als **Parteiprogramm** veröffentlicht werden, so dass die Bürger bei der Wahl der Volksvertreter u.a. anhand dieser Programme ihre Entscheidung fällen können.

Alle gewählten Volksvertreter zusammen bilden das **Parlament**, das als wesentlichste Aufgabe die Gesetzgebung hat; kein Gesetz kommt ohne das Parlament zustande. Dieser Teil der Staatsmacht heißt **Legislative** und ist einer der zentralen Pfeiler jeder Demokratie. (Das Wort leitet sich ab vom Lateinischen: *lex, legis, f.* = Gesetz; *latus* = (ein)gebracht, (durch)gebracht).

Neben anderen Aufgaben wählt das Parlament zu Beginn einer Legislaturperiode insbesondere die Regierungschefin oder den Regierungschef. Details variieren von Staat zu Staat und sind für jeden Staat in der jeweiligen Verfassung festgelegt[4].

Die Ausübung der Staatsgewalt auf Basis der existierenden Gesetze ist Sache des zweiten Pfeilers der Staatsorganisation, der **Exekutive**. An der Spitze der Exekutive steht die Regierung. Diese besteht aus einem Regierungschef oder einer Regierungschefin sowie Ministern für verschiedene Aufgabengebiete, z.B. Außenpolitik, Innenpolitik, Bildung, Wirtschaft, Finanzen. Die Minister leiten zu diesem Zweck jeweils ein Ministerium und von den Ministerien hängt schließlich die Verwaltung des Staates ab, die für die Umsetzung und Durchsetzung der Gesetze bei den Bürgern verantwortlich ist.

Das Prinzip der Volkssouveränität bedeutet heute praktisch, dass alle wahlberechtigten Staatsbürger in periodischen Abständen aus einer Anzahl von Kandidaten ihre neuen (evtl. auch die alten) Volksvertreter wählen und so die Zusammensetzung des Parlaments immer wieder neu bestimmen. Sollten die vom Souverän (= dem Staatsvolk) gewählten Vertreter – also die Parlamentarier – nicht umgesetzt haben, was sie vor der letzten Wahl in Wahlprogramm und Wahlreden angekündigt und versprochen hatten, riskieren sie, nicht wiedergewählt zu werden. Dies ist ein essentieller Feedback-Mechanismus der Demokratie (Abb. 2 B). Die Zeitspanne dieser Rückkopplung, also die Wahl- oder Legislaturperiode (die Zeit zwischen zwei Wahlen) beträgt in den meisten Staaten vier oder fünf Jahre.

Die von der Legislative erarbeiteten und dann mehrheitlich verabschiedeten Gesetze müssen am Ende von allen respektiert und eingehalten werden: alle Bürger, aber auch Regierungschefs, Minister, die staatliche Verwaltung und alle staatlichen Institutionen sind an die Gesetze gebunden und ihnen untergeordnet. Anders war das zum Beispiel in Zeiten des Absolutismus, wo der König über den Gesetzen stand und unabhängig von ihnen herrschte (lat.: *de legibus absolutus*: von den Gesetzen abgelöst).

Im Fall von vermuteten Gesetzesverletzungen kommt der dritte Pfeiler der Staatsorganisation ins Spiel: die Gerichte und deren Rechtssprechung: die **Judikative** (von lat. *ius* = Recht; und *dicere* = sprechen). Diese wendet die von der Legislative verabschiedeten Gesetze an. Das bedeutet, dass in Streitfällen unabhängige Richter auf der Basis der existierenden Gesetze entscheiden, was rechtmäßig ist und was nicht. Gerichtsurteile können, werden sie nicht von allen Seiten akzeptiert, angefochten, von einer höheren Gerichtsinstanz überprüft und eventuell korrigiert werden. Das System der Judikative beinhaltet also auch eine Möglichkeit der Korrektur von Irrtümern.

Wer garantiert, dass die von der Legislative verabschiedeten Gesetze nicht gegen die grundsätzlichen Prinzipien des Rechts, wie sie in der Verfassung stehen, verstoßen? Dies ist in demokratischen Rechtsstaaten die wesentliche Aufgabe des Verfassungsgerichts. Wenn das Verfassungsgericht zum Schluss kommt, dass ein Gesetz nicht mit der Verfassung konform ist, hat es verschiedene Möglichkeiten, dies zu korrigieren: Es kann ein Gesetz für nichtig erklären oder dem Gesetzgeber eine Frist zur Korrektur setzen; es kann auch Übergangsregelungen bis zu einer Neufassung des Gesetzes schaffen.

III. Demokratische Monarchien

Diese Staatsform heißt eigentlich nur noch Monarchie, ist aber in allen wesentlichen Elementen eine repräsentative Demokratie (z.B. Niederlande, Belgien, UK, Dänemark, Spanien, Schweden). Das Staatsoberhaupt in einer demokratischen Monarchie ist die Königin oder der König. Diese haben aber vor allem oder ganz überwiegend repräsentative Aufgaben[5], ganz ähnlich den Präsidenten anderer repräsentativer Demokratien wie Italien, Österreich oder Deutschland[6].

IV. Das demokratische Prinzip der Volkssouveränität

„Demokratisches Prinzip" ist kein exakt definierter Begriff, sondern kann eine ganze Reihe von Regeln umschreiben, die typisch für eine Demokratie sind.

Der im Vergleich zu Diktaturen und Oligarchien wichtigste Unterschied liegt im Souverän: Nicht mehr der Alleinherrscher (Monarch) oder eine Gruppe von Herrschenden (Militärjunta oder Zentralkommitee einer Einheitspartei) sind der Souverän, sondern das ganze Staatsvolk ist der Souverän, der dann seine Vertreter wählt, die ihrerseits Gesetze machen, an die sich alle – auch die Herrschenden – halten müssen.

Während bei Alleinherrschaften oder Oligarchien die Ausübung der Staatsgewalt nur in eine Richtung geht, nämlich von dem oder den Herrschenden auf das Volk, ergibt sich bei der repräsentativen oder parlamentarischen Demokratie etwas völlig Neues: Erstens ist das Staatsvolk der Souverän (Abb. 2 B) und zweitens gibt es rückgekoppelte Entscheidungsprozesse, also Entscheidungsprozesse mit „feedback": von den Bürgern des Staatsvolks → zur Legislative → zur Exekutive → zu den Bürgern.

Wegen der periodisch anstehenden Wiederwahlen stehen die Volksvertreter (= Parlamentarier = Abgeordnete) bei den Wählern im Wort, sind also auf längere Sicht (bei den nächsten Wahlen) von diesen abhängig. Die Volksvertreter werden daher in der Regel nicht gegen die Interessen der Mehrheit ihrer Wähler handeln, wenn sie im Parlament über Gesetzesentwürfe abstimmen.

De facto *könnten* sie bei Gesetzgebungsverfahren gegen die Interessen ihrer Wähler abstimmen, denn ein Parlamentarier unterliegt nicht nur dem Einfluss seiner Wähler. Es gibt mindestens zwei weitere Einflüsse:

Erstens können Politiker von der Presse, den Medien und insbesondere mehr oder weniger vertrauenswürdigen Umfragen beeinflußt werden, wenn sie sich - auch unabhängig von ihrem Wahlprogramm - einem echten oder vermeintlichen Umfragetrend anschließen.

Zweitens versuchen Lobbyisten regelmäßig auf Abgeordnete Einfluss zu nehmen, um die Gesetzgebung in ihrem Sinn zu beeinflussen.

Als ditte Möglichkeit, die die vorigen nicht ausschließt, kann die herrschende Parteimeinung Einfluss auf das Abstimmungsverhalten von Abgeordneten haben. Die Parlamentsfraktion einer Partei kann sogar geschlossen auf gleiche Weise abstimmen (Fraktionszwang).

In vielen Ländern legt die Verfassung allerdings fest, dass die Volksvertreter bei Abstimmungen nur ihrem Gewissen verpflichtet sind (was einen Fraktionszwang ausschließen sollte).

A

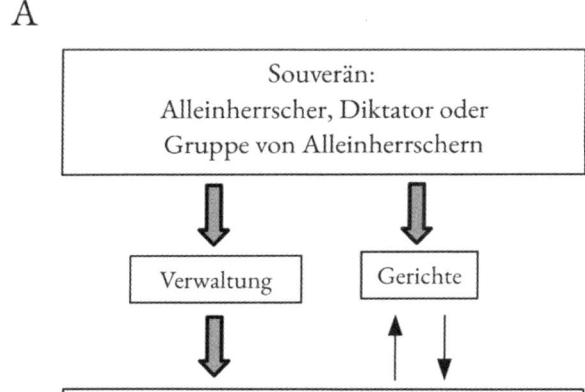

B

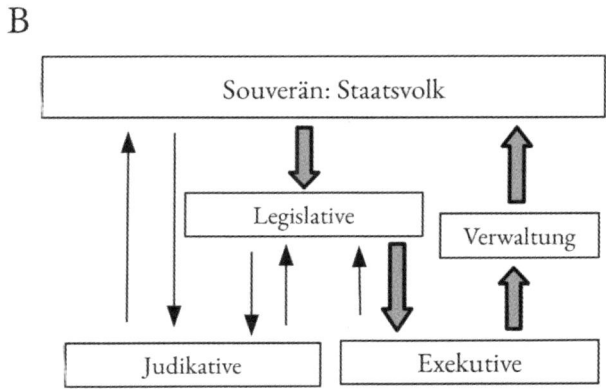

Abbildung 2. Souverän in Diktatur (A) und Demokratie (B)

Der Artikel 38 des Grundgesetzes sagt wörtlich:
Die Abgeordneten des Deutschen Bundestages werden in allgemei-
ner, unmittelbarer, freier, gleicher und geheimer Wahl gewählt.
Sie sind Vertreter des ganzen Volkes, **an Aufträge und Weisun-**
gen nicht gebunden und nur ihrem Gewissen unterworfen.
Derselbe Artikel legt auch den Wahlmodus fest: Die Abgeordneten werden vom Volk in allgemeiner, unmittelbarer, freier,
gleicher und geheimer Wahl gewählt. Die Wahl heißt

- **allgemein**, weil alle Bürger und Bürgerinnen, die bei der
Wahl das 18. Lebensjahr vollendet haben, das Stimmrecht besitzen

- **unmittelbar** (= direkt), weil die Volksvertreter von den
Wählerinnen und Wählern direkt, das heißt ohne Zwischen-
schritte gewählt werden[7]

- **frei**, weil sie in freier Wahlentscheidung und ohne äußeren
Druck vollzogen wird

- **gleich**, weil jede Stimme gleich viel zählt (nämlich genau 1)

- **geheim**, weil sie unbeobachtet (in einer Kabine) stattfindet.

Während die Wahlen in vielen demokratischen Systemen *all-*
gemein, frei und *geheim* sind, sind die Bedingungen *unmittelbar*
und *gleich* nicht immer gegeben, z.B. bei Wahlen zum europäischen Parlament (s.u.) oder im Wahlsystem der USA. So kann es
passieren, dass bis zu 80 % der US-Amerikaner für stärkere Einschränkungen bei Verkauf und Benutzung von Feuerwaffen
sind, aber keine entsprechende Gesetzgebung erfolgt.

TEIL II

GEWALTENTEILUNG

Von den Staatsbürgern geht in einer repräsentativen Demokratie letztlich alle Macht aus, weil sie jeweils nach einer Wahlperiode durch die Wahl ihrer Volksvertreter die politische Ausrichtung und die Zusammensetzung des Parlaments bestimmen.

Dieser Einfluss ist nicht zu unterschätzen, denn daraus folgt, wie die neue Regierung nach einer Wahl zusammengesetzt ist und welche Gesetze nach der Wahl im Parlament verabschiedet werden.

Während die Bürger also ihre Macht in gewissen Zeitabständen durch Wahlen ausüben, die direkt die Legislative und indirekt die Exekutive beeinflussen, wird die Staatsgewalt zwischen je zwei Wahlen ausgeübt von Legislative, Exekutive und Judikative.

Legislative	Gesetzgebende Gewalt auf dem Boden der Verfassung
Exekutive	Ausübung der Staatsgewalt gebunden an Recht und Gesetze
Judikative	Rechtsprechende Gewalt gebunden an Recht und Gesetze

Diese Aufteilung der Staatsgewalt auf drei getrennte und *un-abhängige* Säulen ist entscheidend für die Existenz und vor allem das Fortbestehen einer Demokratie.

Die drei Säulen werden im Detail in der Verfassung (s.u.) definiert. Ihre Unabhängigkeit zu garantieren ist nicht einfach und in verschiedenen Ländern etwas unterschiedlich realisiert. Verletzungen der Gewaltenteilung sind gravierende Verstöße gegen rechtsstaatliche Prinzipien und werden innerhalb der Europäischen Union sanktioniert[8].

Der wichtigste Staatstheoretiker der Gewaltenteilung war der französische Staatsrechtler, Historiker und Philosoph Montesquieu (1689–1755); er hatte sehr genau die Gewaltenteilung in der Antike studiert und erwies sich in seinen Studien als exzellenter Psychologe und Soziologe (auch wenn es diese beiden Gebiete als Wissenschaften an den Universitäten noch gar nicht gab). In seinem Hauptwerk *Vom Geist der Gesetze* (*De l'esprit des lois*) schreibt er in Kapitel 4 des 11. Buches:

„Eine ewige Erfahrung lehrt jedoch, dass jeder Mensch, der Macht hat, dazu getrieben wird, sie zu missbrauchen. ... Damit die Macht nicht missbraucht werden kann, ist es nötig, durch die Anordnung der Dinge zu bewirken, dass die Macht der Macht Grenzen setzt."

Deswegen hatten schon die Römer in der Antike in der Regel nicht einen Konsul, sondern zwei, die sich abwechseln und kontrollieren konnten. Deswegen gab es bei ihnen nicht nur die Konsuln, sondern auch den Senat als Gremium hoher Kompetenz und großer Erfahrung, sowie die Volksversammlung als letztlich abstimmendes Gremium.

Der Kern der Gewaltenteilung ist also die wechselseitige Kontrolle eines Teils der Staatsmacht durch einen anderen Teil der Staatsmacht. Diese wechselseitige Kontrolle funktioniert allerdings nur gut, wenn die drei Säulen der Staatsmacht unabhängig voneinander handeln. Ihre jeweilige Unabhängigkeit zu garantieren, ist essentiell für einen demokratischen Rechtsstaat und seinen Fortbestand.

Eine funktionierende Gewaltenteilung ist das wichtigste Merkmal demokratischer Rechtsstaaten. Es gibt Staaten, in denen zwar demokratisch gewählt wird, aber die Gewaltenteilung nicht funktioniert oder gar nicht existiert.

Beispiele:

a. Es existiert im Wesentlichen nur eine Partei, die alle anderen im Parlament stark dominiert. Diese wählt je nach System die Regierung oder den Regierungschef. Exekutive und Legislative haben also per Konstruktion dieselbe politische Ausrichtung und das kann sich auch nicht ändern, solange es nicht mehrere, starke Parteien und damit andere politische Richtungen gibt. Wenn dann noch die Richter der obersten Gerichte von Regierung oder Parlament bestimmt werden, ist auch die dritte Säule nicht unabhängig. In diesem Fall ist das Staatsvolk nur *pro forma*, aber nicht *de facto* der Souverän[9].

b. Die Richter der obersten Gerichte oder aller Gerichte werden von Regierung (Exekutive) oder Parlament (Legislative) bestimmt[10] und in ihren Laufbahnen befördert. Im Extremfall kann dadurch die Judikative ihre Unabhängigkeit verlieren, mit der Konsequenz einer verminderten oder nicht existenten Kontrolle von Exekutive und Legislative.

Demokratie und Rechtsstaat sind also nicht dasselbe. Eine Demokratie ohne garantierte, funktionierende Gewaltenteilung ist kein demokratischer Rechtsstaat. Es gibt zwar noch weitere wichtige Bedingungen dafür, dass ein Staat ein Rechtsstaat ist, vor allem die Garantie der Grundrechte (s.u.) der Staatsbürger. Ohne funktionierende Gewaltenteilung könnten diese allerdings eingeschränkt oder abgeschafft werden. Insofern ist die Gewaltenteilung das Merkmal Nr.1 eines demokratischen Rechtsstaats.

In vielen Staaten gibt es zusätzlich zur ersten Kammer des Parlaments noch eine zweite Kammer: im Vereinigten Königreich [= UK] z.B. das Oberhaus (House of Lords), in den USA und in Italien einen Senat (senate, senato), in Deutschland den Bundesrat. Die zweite Kammer ist in den meisten Fällen nicht direkt von der Bürgern gewählt, sondern wird – je nach Staat – anders bestimmt und ist an der Gesetzgebung beteiligt. Die Einbeziehung einer zweiten Kammer in den Gesetzgebungsprozess macht die Gesetzgebung zwar etwas komplizierter, aber auch sicherer gegen eine Übermacht von erster Kammer und Exekutive, sollten beide systematisch gemeinsam agieren[11].

Zentralstaaten und Bundesstaaten

Ein Staat kann als

- Zentralstaat (früher Einheitsstaat genannt) oder als
- Bundesstaat (föderaler Staat)

aufgebaut sein.

Beim Zentralstaat werden alle Teile der Staatsgewalt zentral von der Hauptstadt aus kontrolliert. Natürlich gibt es im Staatsgebiet auch kleinere Verwaltungseinheiten, die in verschiedenen Staaten unterschiedlich benannt sind, z.B. Gemeinden, Kreise, Bezirke oder Regionen. Diese Untereinheiten eines Zentralstaates besitzen aber keine eigene Legislation oder Judikative. Auch werden die Finanzen zwar lokal verwaltet, aber in der zentral festgelegten Art und Weise. Typischerweise sind Inseln überschaubarer Größe wie Island oder relativ kleine Staaten wie Israel Zentralstaaten.

Zentralstaaten, in denen einzelne Regionen wie die Départements in Frankreich eine Selbstverwaltung ausüben, wurden traditionell dezentrale Einheitsstaaten genannt, also dezentrale Zentralstaaten. Dies ist kein Widerspruch, denn hier ist die Staatsmacht zwar zentral konzentriert, aber die Verwaltungskompetenzen sind dezentral über das Staatsgebiet verteilt. Zentralstaaten größerer Ausdehung sind durchweg dezentrale Zentralstaaten, aber es gibt auch kleinere Staaten wie Luxemburg oder die Niederlande, die dezentrale Zentralstaaten sind.

Einige Staaten sind nicht als Zentralstaat organisiert, sondern als Bund von Gliedstaaten. In der Bundesrepublik Deutschland heißen die Gliedstaaten: Bundesländer (z.b. Niedersachsen oder Thüringen). In den USA sind *states* wie Kalifornien oder Florida Gliedstaaten, und in der Schweiz (der Confoederatio helvetica, CH) sind es die Kantone. Die Gliedstaaten besitzen jeweils eigene Parlamente (Legislativen), Gerichte (Judikativen) und Regierungen (Exekutiven).

Die staatlichen Aufgaben sind also zum Teil zentral in der Hauptstadt des Staates und zum anderen Teil in den Gliedstaaten angesiedelt. Ausschließlich zentrale Aufgaben sind typischerweise die Beziehungen zu anderen Staaten (Außenpolitik und Verteidigungspolitik); Aufgaben der Gliedstaaten sind indes typischerweise: das Schul- und Bildungswesen inklusive der Hochschulen, die Polizei sowie das Gesundheitswesen.

Die Aufteilung der Kompetenzen geschieht nach dem so genannten **Subsidiaritätsprinzip**, d.h., alle Aufgaben die im Gliedstaat ausgeführt werden können, werden auch dort ausgeführt. Nur solche Aufgaben, die die Gliedstaaten nicht oder nur schlecht ausführen können, werden vom Bund ausgeführt. Beispiele für heute existierende Bundesstaaten sind

- die Schweiz: CH = Confédération helvétique
- die Vereinigten Staaten von Amerika
- Australien
- Österreich
- Deutschland

und etwa zwanzig weitere.

ENTWICKLUNG DEMOKRATISCHER SYSTEME

Demokratische Prinzipien haben sich im Laufe der Geschichte als erfolgreich herausgestellt: Die Anzahl demokratischer Staaten hat über die Zeit deutlich zugenommen, während die Anzahl der Alleinherrschaften abgenommen hat. In Mittel-, West- und Süd-europa gibt es heute – bis auf die schon genannte Ausnahme des Vatikanstaats – nur noch Demokratien.

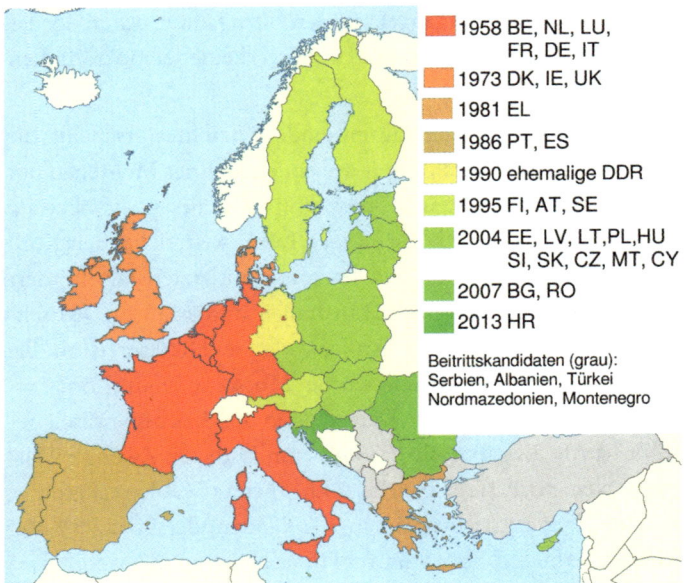

1958 BE, NL, LU, FR, DE, IT
1973 DK, IE, UK
1981 EL
1986 PT, ES
1990 ehemalige DDR
1995 FI, AT, SE
2004 EE, LV, LT, PL, HU SI, SK, CZ, MT, CY
2007 BG, RO
2013 HR

Beitrittskandidaten (grau):
Serbien, Albanien, Türkei
Nordmazedonien, Montenegro

Abbildung 3: Entwicklung der Europäischen Union in neun Etappen. Der sukzessive Beitritt von Staaten ist farblich gekennzeichnet. Nie beigeretene Länder: weiß. Beitrittskandidaten: grau. Das vereinigte Königreich (UK) hat als einziger Staat die EU wieder verlassen (Jan/2020).

Dies ist auch eine ausgezeichnete Nachricht für den Frieden in der Welt, denn demokratische Rechtsstaaten haben bisher (bis auf sehr wenige Ausnahmen) keine Kriege begonnen. Kriege gingen vielmehr in fast allen Fällen von diktatorischen Systemen aus, auch von solchen, die zwar Demokratien waren, aber keine demokratischen Rechtsstaaten (s. unten: Der demokratische Rechtsstaat).

Zum Vergleich: Zur Zeit der Gründung der Europäischen Union (incl. ihrer Vorgänger) in den 50er Jahren waren 13 der heutigen 27 EU-Mitgliedstaaten noch keine demokratischen Rechtsstaaten (Abb. 3).

Über die letzten drei Jahrtausende betrachtet erscheint die Entwicklung der Staatsformen wie ein Kampf der Menschen um ihre Selbstbestimmung und Souveränität. In dieser Entwicklung gab es immer wieder Rückschläge, z.T. mit weitreichenden Konsequenzen und Rückfällen in Barbarei. Im letzten Jahrhundert haben sich zum Beispiel 1922 in Italien und 1933 in Deutschland auf unterschiedliche Art und Weise Diktatoren an die Macht gebracht: In Italien wurde Mussolini vom König ernannt, während Hitler in Deutschland 1933 demokratisch gewählt wurde. Es gab nach 1933 bis zum Ende des Zweiten Weltkriegs zwar noch freie, gleiche und geheime Wahlen, allerdings mit nur einer Partei und einem Kandidaten, der über 99 % der Stimmen erhielt. Mussolini und Hitler haben große Mehrheiten hinter sich versammelt, was für Diktaturen typisch ist, da es in einer Diktatur für die Menschen gefährlich ist und viel Mut erfordert, sich gegen die Diktatur zu stellen[12]. Dies war schon immer so und hat sich auch heute kaum geändert. Schon Perikles (Staatsmann im antiken Griechenland, 495–429) hatte den Zusammenhang zwischen Glück, Freiheit und Mut in einer berühmten Grabrede auf den Punkt gebracht: *„Bedenkt: Glück gibt es nur in der Freiheit und Freiheit nur mit Mut."*

Am Ende des Zweiten Weltkriegs hatten die diktatorischen Systeme Mussolinis und vor allem Hitlers zu etwa 65 Millionen Toten geführt[13]. (Vergleich: Im Jahr 2020 lebten in Italien knapp 60 Millionen Menschen, in Frankreich 67 Millionen)

Diese Beispiele zeigen, dass die Übergänge in eine Diktatur schnell und für viele ohne große Befürchtungen erfolgten, sich dann aber als unumkehrbare Prozesse erwiesen. Nur durch gewaltige militärische Anstrengungen (vor allem die Invasionen im Juli 1943 in Sizilien und im Juni 1944 in der Normandie) konnten die diktatorischen Systeme in Italien und Deutschland gestürzt und durch die Siegermächte USA, England und Frankreich demokratische Systeme eingerichtet werden. Eine Demokratisierung östlich der Elbe fand damals noch nicht statt.

Wie die Übergänge in eine Diktatur vermeidbar sind, ist eine für die Zukunft essentielle Frage. Sicher ist, dass die Wähler und Staatsbürger

- sich ihre Macht nicht von potentiellen Diktatoren aus den Händen nehmen lassen dürfen

- Anfangszeichen diktatorischen Verhaltens erkennen müssen

- und sich gegen solche Anfänge wehren müssen, d.h. u.a.

- keinem Kandidaten oder keiner Partei ihre Stimme geben dürfen, der Prinzipien des demokratischen Rechtsstaats wie Gewaltenteilung und Grundrechte nicht in vollem Umfang respektiert.

DIE VERFASSUNG

Die Verfassung eines Staates (seine Konstitution) ist ein Gesetz, das die grundlegenden Prinzipien des Staates festlegt. Dazu gehören

– Staatsziele und Rechtsgrundsätze

– Grundrechte und Pflichten der Staatsbürger

– Aufbau und Organe des Staates

– Aufgaben und Befugnisse der obersten Staatsorgane

I. Staatsziele und Rechtsgrundsätze

Staaten unterscheiden sich ganz erheblich in ihren Zielen und Grundsätzen. Meist sind diese in einer Präambel (= Vorspann) und den ersten Artikeln der Verfassung beschrieben. Als Beispiele sollen hier die je ersten Artikel der Verfassungen einiger Länder dienen:

Frankreich:

Art. 1. *Frankreich ist eine unteilbare, laizistische, demokratische und soziale Republik. Sie gewährleistet die Gleichheit aller Bürger vor dem Gesetz ohne Unterschied der Herkunft, Rasse oder Religion. Sie achtet jeden Glauben. Sie ist dezentral organisiert. Das Gesetz fördert den gleichen Zugang von Frauen und Männern zu den Wahlmandaten und –ämtern sowie zu den Führungspositionen im beruflichen und sozialen Bereich.*

Deutschland:

Art. 1. *Die Würde des Menschen ist unantastbar. Sie zu achten und zu schützen ist Verpflichtung aller staatlichen Gewalt. Das Deutsche Volk bekennt sich darum zu unverletzlichen und unveräußerlichen Menschenrechten als Grundlage jeder menschlichen Gemeinschaft, des Friedens und der Gerechtigkeit in der Welt. Die nachfolgenden Grundrechte binden Gesetzgebung, vollziehende Gewalt und Rechtsprechung als unmittelbar geltendes Recht.*

China:

Art. 1. *Die Volksrepublik China ist ein sozialistischer Staat unter der demokratischen Diktatur des Volkes, der von der Arbeiterklasse geführt wird und auf dem Bündnis der Arbeiter und Bauern beruht. Das sozialistische System ist das grundlegende System der Volksrepublik China. Die Sabotage des sozialistischen Systems ist jeder Organisation oder jedem Individuum verboten.*

In diesen Texten tauchen einige vielleicht erklärungsbedürftige Begrifflichkeiten auf: Was heißt (z. B. in der Verfassung Frankreichs) genau „laizistisch"[14], was „dezentral organisiert"? Was ist (in der Verfassung Deutschlands) mit der „Würde des Menschen" genau gemeint? Was heißt und was bedeutet genau (in der Verfassung Chinas) „demokratische Diktatur des Volkes" praktisch ?

II. Grundrechte der Staatsbürger

Als Grundrechte gelten folgende:

- Persönliche Freiheitsrechte
- Gleichheit vor dem Gesetz
- Glaubens- und Gewissensfreiheit
- Meinungsfreiheit, Freiheit von Kunst und Wissenschaft
- Schutz von Ehe – Familien – Kindern
- Staatliches Schulwesen
- Versammlungsfreiheit
- Vereinigungsfreiheit
- Brief-, Post- und Fernmeldegeheimnis
- Freizügigkeit
- Berufsfreiheit
- Unverletzlichkeit der Wohnung
- Recht auf Eigentum und Erbe
- Vergesellschaftung von Eigentum
- Staatsangehörigkeit
- Asylrecht
- Petitionsrecht

In dieser Abfolge kommen sie in der deutschen Verfassung vor. In den Verfassungen anderer EU-Länder und vieler anderer demokratischer Staaten finden sie sich in ähnlicher Form, wobei Art und Umfang der Grundrechte, die die Bürger eines Staates genießen, allerdings von Staat zu Staat erheblich variieren.

Grundrechte sind allgemeine Rechte aller Staatsbürger, die die Bürger insbesondere auch gegenüber dem Staat besitzen: gegenüber dessen gesetzgebender, rechtsprechender und ausübender Gewalt.

Zusammen mit den Grundrechten werden in der Verfassung auch Grenzen derselben festgelegt. Zum Beispiel rechtfertigt das Recht auf freie Meinungsäußerung keine Beleidigungen und keinen Aufruf zu Gewalt.

Wegen ihrer fundamentalen Bedeutung werden die einzelnen Grundrechte weiter unten in einem eigenen Kapitel beschrieben.

III. PFLICHTEN DER STAATSBÜRGER

Die allgemeinen Pflichten der Staatsbürger ergeben sich aus der Staatsbürgerschaft. Die bekannteste Pflicht ist die zum Wehrdienst (nur in Krisenzeiten; alternativ: Zivildienst).

Weitere Pflichten sind durch verschiedene Gesetze geregelt, so zum Beispiel die Mitwirkung bei der Durchführung von Wahlen oder bei einer eventuell existierenden Pflichtfeuerwehr, bei Gerichtsverfahren als Schöffe oder bei der Bewältigung von Naturkatastrophen als Helfer.

IV. Aufbau und Organe des Staates

In der Verfassung ist ferner der allgemeine Staatsaufbau beschrieben, also ob es sich um einen Zentralstaat (s. oben) wie Finnland, einen dezentralen Zentralstaat wie Frankreich oder einen Bundesstaat wie die Schweiz oder Deutschland handelt.

In Bundesstaaten gibt es (neben den Parlamenten in jedem der Gliedstaaten) auf Bundesebene regelmäßig zwei Parlamente, wobei eines die Gesamtbevölkerung des Staates und das zweite die föderale Staatsstruktur widerspiegelt.

Beispiele:

In der Schweiz gibt es erstens den Nationalrat (der das Staatsvolk vertritt) und zweitens den Ständerat (der die Kantone vertritt).

In Deutschland gibt es den Deutschen Bundestag (der das Staatsvolk vertritt) und den Bundesrat (der die Bundesländer vertritt).

In beiden Ländern sind beide Parlamente an der Gesetzgebung beteiligt, der Bundesrat stets bei bei solchen Gesetzen, die auch die Länder betreffen.

Organe eines Staates sind nicht nur die obersten Staatsorgane wie z. B. das Parlament, sondern auch alle nachgeschalteten Behörden der Verwaltung bis zu den verschiedenen Ämtern der Gemeinden und der Polizei.

Der Begriff „Organe" soll andeuten, dass sie ähnlich den Organen eines lebenden Körpers spezielle Aufgaben des Gesamtsystems „Staat" wahrnehmen und auf diese Weise zum Wohl des Ganzen zusammenarbeiten. Zum Beispiel versorgen Lunge, Herz und Gefäße jede Zelle des Körpers mit Sauerstoff, während die Nieren als Kläranlage und der Dickdarm als Entsorgungsbetrieb für alle funktioniert.

Die obersten Staatsorgane sind von Staat zu Staat etwas verschieden zusammengesetzt und haben verschiedene Befugnisse.

V. Aufgaben und Befugnisse der obersten Staatsorgane

In Deutschland heißen die obersten Staatsorgane auch Bundesorgane oder Verfassungsorgane[15]. Es sind dies:

1. Bundestag
2. Bundesrat
3. Gemeinsamer Ausschuss
4. Bundesversammlung
5. Bundespräsident
6. Bundesregierung
7. Bundesverfassungsgericht

1. Der Bundestag

Der Bundestag wird unmittelbar (= direkt, ohne Mittelsleute) vom Staatsvolk gewählt. Er ist (auf Bundesebene) das einzige Staatsorgan, welches direkt vom Volk gewählt wird, und zwar regelmäßig alle vier Jahre in allgemeiner, unmittelbarer, freier, gleicher und geheimer Wahl. Den Vorsitz führt die Präsidentin oder der Präsident des Deutschen Bundestages.

Überblick über die Aufgaben:
– Gesetzgebung, oft unter Mitwirkung des Bundesrats
– Wahl des Bundeskanzlers oder der Bundeskanzlerin
– Mitwirkung bei der Wahl des Bundespräsidenten
– Beschluss des Bundeshaushalts
– parlamentarische Kontrolle der Exekutive/Regierung
– Wahl der Hälfte der Richter des Verfassungsgerichts

– Genehmigung von Verträgen mit dem Ausland
– Kontrolle von Einsätzen der Bundeswehr

Jeder Bürger hat bei der Bundestagswahl zwei Stimmen: eine Erststimme und eine Zweitstimme.

Mit der Zweitstimme wählt der Bürger eine Partei. Bekommt die Partei X z.B. 23 % aller Zweitstimmen, wird diese Partei (mindestens) 23 % der Sitze des neuen Bundestags besetzen. Daher heißt diese Form von Wahlrecht Proportionalwahlrecht.[16] Welche Personen diese 23 % der Sitze als Abgeordnete besetzen werden, entscheiden die Parteien vorab durch die Aufstellung einer Liste ihrer Kandidaten (so genannte Landeslisten).

Wenn eine Partei weniger als 5 % - z.B. 4,9 % - der Zweitstimmen erhält, so zählen diese Zweitstimmen nicht.

Mit der Erststimme wählen die Bürger zusätzlich, welchen der Kandidaten ihres Wahlkreises sie gern im Parlament sähen. Der Kandidat mit den meisten Erststimmen in einem Wahlkreises gewinnt, erhält das so genannte Direktmandat, und wird von diesem Wahlkreises ins Parlament geschickt (lat. *mandare*: schicken, senden, *mandatus* geschickt, entsandt).

Auf diese Weise wird der Wille der Wähler zweifach berücksichtigt: sie bestimmen in ersten Linie und vor allem die Gesamtzusammensetzung des Parlaments, aber auch die Personen, die als Direktmandate ins Parlament einziehen. Falls eine Partei mehr Direktmandate gewinnt, als ihrem Anteil von Zweitstimmen entspricht, muss dies bei der neuen Sitzverteilung des Parlaments berücksichtigt werden, da die direkte Wahl von Kandidaten (Direktmandate) einen hohen Wert hat.

2. Der Bundesrat

Der Bundesrat setzt sich aus Mitgliedern der Regierungen der Bundesländer zusammen, wobei bevölkerungsreichere Länder stärker vertreten sind als bevölkerungsärmere. Er wird also nicht direkt vom Volk gewählt; indirekt aber schon, denn das Volk wählt auch die Länderparlamente und diese die jeweiligen Ministerpräsidenten, und damit die Landesregierungen.

Überblick über die Aufgaben:

- Gesetzgebung, soweit diese die Länder oder die EU betrifft
- Wahl des Bundespräsidenten (zusammen mit dem Bundestag)
- Wahl der Hälfte der Richter des Verfassungsgerichts
- Mitwirkung im Gemeinsamen Ausschuss (s.u.)

3. Der Gemeinsame Ausschuss

Anders als der Bundestag und der Bundesrat ist der Gemeinsame Ausschuss kein ständiges Verfassungsorgan; er führt im Fall der Landesverteidigung die Funktionen eines Notparlaments aus und dies auch nur dann, wenn einem Zusammentreten des Bundestags unüberwindliche Hindernisse entgegen stehen. Diese Situation ist bis jetzt nie eingetreten.

Gesetze des Gemeinsamen Ausschusses dürfen nicht das Grundgesetz ändern, noch dürfen sie das Grundgesetz ganz oder teilweise außer Kraft oder außer Anwendung setzen.

Der Gemeinsame Ausschuss besteht zu

– 2/3 aus Abgeordneten des Bundestages und

– 1/3 aus Mitgliedern des Bundesrates, wobei jedes Bundesland genau ein Mitglied seiner Bundesratsmitglieder bestellt. Der

Gemeinsame Ausschuss hat also dreimal so viele Mitglieder, wie es Bundesländer gibt.

4. Die Bundesversammlung

Diese hat als einzige Aufgabe, den Bundespräsidenten zu wählen. Sie ist kein ständiges Verfassungsorgan, sondern tritt nur zu diesem einen Zweck zusammen. Sie besteht

– zur Hälfte aus den Mitgliedern des Bundestages und
– zur anderen Hälfte aus einer gleich großen Zahl von Mitgliedern, die von den Parlamenten der Bundesländer gewählt werden (wobei wie bei der Bildung des Bundesrats die Größe der Länder eine Rolle spielt).

5. Der Bundespräsident oder die Bundespräsidentin

Der Bundespräsident (seit 1949 nur männlichen Geschlechts) oder die Bundespräsidentin wird von der Bundesversammlung gewählt. Gewählt werden kann, wer

– deutscher Staatsbürger ist,
– das Wahlrecht zum Bundestag besitzt und
– das 40. Lebensjahr vollendet hat.

Überblick über die Aufgaben:

– Unterzeichnung von Gesetzen nach ihrer Verabschiedung im Parlament. Erst durch diese Unterschrift werden die Gesetze rechtskräftig.

– Ernennung von Bundesrichtern und Bundesbeamten

– Völkerrechtliche Vertretung der Bundesrepublik gegenüber auswärtigen Staaten
– Recht zur Begnadigung

6. Die Bundesregierung

Die Bundesregierung ist das oberste Organ der Exekutive auf Bundesebene. Sie setzt sich zusammen aus

– dem Bundeskanzler oder der Bundeskanzlerin und

– den Bundesministern für die verschiedenen Politikbereiche.

Nach einer Bundestagswahl wird der Bundeskanzler oder die Bundeskanzlerin auf Vorschlag des Bundespräsidenten vom Parlament mit einfacher Mehrheit gewählt.

Diese Mehrheit kann allerdings in einem politischen System mit mehr als zwei Parteien auf verschiedene Weisen zustande kommen. Daher führen die Parteien nach einer Wahl typischerweise Verhandlungen (so genannte Koalitionsverhandlungen), um herauszufinden, mit welcher anderen Partei oder welchen anderen Parteien sie am ehesten ihre politischen Ziele und die zur Kanzlerwahl nötige Mehrheit im Parlament erreichen können.

Ist dann die Kanzlerin oder der Kanzler gewählt, schlägt diese oder dieser dem Bundespräsidenten die Bundesminister vor, die dann vom Bundespräsidenten ernannt und von der Präsidentin des Bundestags vereidigt werden.

Die von den Bundesministern für bestimmte Ressorts geleiteten Ministerien trugen im Lauf der Zeit nicht immer dieselben Namen, manchmal kamen auch Ressorts hinzu oder es wurden Ressorts getrennt oder zusammengelegt. Beispiele für Ressorts und Ministerien sind: Inneres (für Innenpolitik), Auswärtige Amt (für Außenpolitik), Justiz, Finanzen, Wirtschaft, Umwelt, Bildung, Forschung, Verteidigung, Arbeit und Soziales.

Die Bundesregierung ist wesentlich an der Gesetzgebung beteiligt, indem sie Gesetzesvorlagen in das Parlament einbringen kann.

Die laufenden Regierungsgeschäfte führt der Bundeskanzler oder die Bundeskanzlerin[17].

7. Das Bundesverfassungsgericht (BVerfG)

Als eines der obersten Bundesorgane besitzt das BVerfG im Staatsaufbau denselben Rang wie die zuvor genannten Bundesorgane.

Es ist das höchste deutsche Gericht und prüft im Fall von Streitigkeiten oder Meinungsverschiedenheiten die Verfassungsmäßigkeit sowohl von Gerichtsentscheidungen (nur solche in der letzten Instanz) als auch von Gesetzen und Verordnungen auf ihre Vereinbarkeit mit dem Grundgesetz.

Im Fall der Unvereinbarkeit, d.h. im Fall einer Verletzung der Verfassung, hebt es Gesetze oder Entscheidungen auf.

Jeder Staatsbürger, aber auch Gemeinden und Verbände, können eine Verfassungsbeschwerde beim BVerfG einreichen, wenn sie sich in ihren im Grundgesetz definierten Rechten eingeschränkt sehen. Viele der Beschwerden werden zwar vom Gericht abgewiesen, aber etwa 3 % führen auch zum Erfolg im Sinne der Beschwerdesteller.

Die vom BVerfG getroffenen Urteile sind rechtsverbindlich, haben Gesetzeskraft und sind nicht von anderen Staatsorganen (z. B. der Bundesregierung oder des Bundestags) anfechtbar.

Die Richterinnen und Richter des Bundesverfassungsgerichts werden je zur Hälfte vom Bundestag und vom Bundesrat gewählt. Sie sind regelmäßig für 12 Jahre im Amt; eine weitere Amtsperiode gibt es nicht.

DIE GRUNDRECHTE

In den Verfassungen der Staaten der EU sind die Grundrechte in ähnlicher Weise niedergelegt, wenn auch mit etwas verschiedenen Akzenten.

Die folgende Darstellung orientiert sich an den Grundrechten, wie sie in der Verfassung Deutschlands aufgeführt sind, und gibt die Hauptideen jedes Artikels wieder (Wörtliche Zitate aus dem Grundgesetz sind dabei *kursiv* gesetzt).

Artikel 1 nennt die Leitgedanken aller folgenden Grundrechte: Menschenwürde, Menschenrechte und Rechtsverbindlichkeit.

(1) *Die Würde des Menschen ist unantastbar. Sie zu achten und zu schützen ist Verpflichtung aller staatlichen Gewalt.*

(2) *Das Deutsche Volk bekennt sich darum zu unverletzlichen und unveräußerlichen Menschenrechten als Grundlage jeder menschlichen Gemeinschaft, des Friedens und der Gerechtigkeit in der Welt.*

(3) *Die nachfolgenden Grundrechte binden Gesetzgebung, vollziehende Gewalt und Rechtsprechung als unmittelbar geltendes Recht.*

Die Würde eines Menschen – also nicht nur die eines Bürgers, sondern jedes Menschen – ist unveräußerlich; sie wohnt jedem während des ganzen Lebens inne und ist nicht verhandelbar. Sie darf nicht angetastet und schon gar nicht verletzt werden.

Zum Beispiel würde einem Menschen Gewalt anzudrohen oder anzutun seine Würde verletzen. Der Respekt der Würde garantiert ein Leben ohne Unterdrückung oder Angst davor.

Eine würdevolle Behandlung muss allen Menschen zuteil werden, selbstverständlich auch Kranken, Kindern, die ohne Eltern sind, Flüchtlingen oder Häftlingen im Gefängnis. Aus diesem Grund wird sogar bei Mördern nach 15 Jahren geprüft, ob der betreffende Mensch das Gefängnis wieder verlassen darf.

Der zweite Satz ist das auf dieser Basis ruhende Bekenntnis zu unverletzlichen und unveräußerliche Menschenrechten, und zwar als *Grundlage **jeder** menschlichen Gemeinschaft, des Friedens und der Gerechtigkeit **in der Welt**.*

Der Staat kann es zwar nur in seinem eigenen Machtbereich durchsetzen, aber die Verallgemeinerung bedeutet zum Beispiel, dass auch allen Einwanderern und Besuchern die menschliche Würde und die Menschenrechte zu eigen sind. Ferner kann der Staat in seiner Außenpolitik die Menschenrechte und die Würde des Menschen berücksichtigen und ihnen Gewicht verleihen.

Der letzte Satz von Art. 1 bedeutet, dass die drei Säulen der Staatsgewalt (Legislative, Exekutive und Judikative) inklusive nachgeschalteter Verwaltungen die Grundrechte, wie sie in den folgenden Artikeln aufgeführt sind, als unmittelbar geltendes Recht respektieren müssen und nur innerhalb der von ihnen gesetzten Grenzen agieren dürfen. Oberster Wächter über evtl. Verstöße ist das Bundesverfassungsgericht.

Kein Gesetz darf also die Grundrechte verletzen, es sei denn diese Möglichkeit ist als Ausnahme für bestimmte Bedingungen ausdrücklich vermerkt.

Artikel 2 garantiert die **persönlichen Freiheitsrechte**:

- Jeder hat das Recht auf die freie Entfaltung seiner Persönlichkeit, jeder darf also so leben, wie er oder sie will, solange dies nicht mit Rechten anderer kollidiert oder gegen Gesetze verstößt.
– Jeder hat das Recht auf Leben und körperliche Unversehrtheit. Die Freiheit der Person ist unverletzlich. In diese Rechte darf nur auf Grund eines Gesetzes eingegriffen werden.

Niemand darf also einem Bürger etwas antun oder ihn sogar töten, auch kein Teil der Staatsgewalt wie etwa die Polizei. So unwahrscheinlich und irrelevant es heute vielen Bürgern in der EU erscheint, dass so etwas passieren könnte; es ist in den europäischen Diktaturen des 20sten Jahrhunderts planvoll und in unfassbarem Umfang passiert und es passiert heute in der Welt regelmäßig jeden Tag[18].

Das Grundrecht auf körperliche Unversehrtheit und Leben bedeutet natürlich keinen Schutz davor, dass einen bei starkem Sturm ein umfallender Baum verletzen oder erschlagen kann, dass einen eine tödliche Krankheit befällt oder dass einen ein Blitz trifft.

Die Freiheitsrechte der Staatsbürger dürfen von niemandem verletzt werden. Sie können allerdings aufgrund von Gesetzen eingeschränkt werden: Bekanntheit erlangt hat in den Jahren 2020/2021 das Infektionsschutzgesetz, welches ganz erhebliche Einschränkungen von Grundrechten zulässt; allerdings dürfen diese Einschränkungen nur über eine bestimmte Dauer gelten und sie sind an die Bedingung geknüpft, dass die Maßnahmen, die die Grundrechte einschränken, erstens notwendig und zweitens geeignet sind, Gefahren abzuwenden; drittens müssen sie verhältnismäßig sein, d.h., alle Vor- und Nachteile der Maßnahmen müssen sorgsam vergleichend gegeneinander abgewogen werden[19].

Artikel 3 garantiert **Gleichheitsrechte:**

Alle Menschen sind vor dem Gesetz gleich.

Natürlich sind zwar nicht alle Menschen gleich, **aber vor dem Gesetz** haben alle die gleichen Rechte und müssen vom Staat gleich behandelt werden. Insbesondere gilt: *Männer und Frauen sind gleichberechtigt*; in der Tat werden Frauen und Männer im Staatsdienst gleich bezahlt und es muss Chancengleichheit garantiert sein. In den Bereichen, die dem Staat nicht unterstellt sind und insbesondere dort, wo noch keine Gleichbehandlung vorliegt, fördert *der Staat die tatsächliche Durchsetzung der Gleichberechtigung von Frauen und Männern und wirkt auf die Beseitigung bestehender Nachteile hin.*

Niemand darf wegen seines Geschlechtes, seiner Abstammung, seiner Rasse, seiner Sprache, seiner Heimat und Herkunft, seines Glaubens, seiner religiösen oder politischen Anschauungen benachteiligt oder bevorzugt werden. Niemand darf wegen seiner Behinderung benachteiligt werden.

Die Gleichberechtigung hängt also nicht von den genannten Merkmalen ab. Dass allerdings in der Aufzählung auch „Rasse" erscheint, wird heftig kritisiert und es existiert der Vorschlag, den Ausdruck zu streichen, denn es gibt keinen wissenschaftlichen Beweis, dass es bei Menschen (*homo sapiens*) überhaupt Rassen gibt, wie dies bei Hunden oder Pferden der Fall ist. Im Gegenteil, der Begriff ist benutzt worden, um Unterschiede und Ungleichbehandlung zwischen Menschen zu konstruieren.

Artikel 4 garantiert **Glaubens- und Gewissensfreiheit.**

Die Freiheit des Glaubens, des Gewissens und die Freiheit des religiösen und weltanschaulichen Bekenntnisses sind unverletzlich. Die ungestörte Religionsausübung wird gewährleistet.

Jeder kann also seinen Glauben und seine Weltanschauung nach Belieben wählen und ausüben.

Neben der Glaubensfreiheit wird auch die Gewissensfreiheit garantiert. *Niemand darf daher gegen sein Gewissen zum Kriegsdienst mit der Waffe gezwungen werden.*

1956 wurde in Deutschland für Männer die allgemeine Wehrpflicht eingeführt. Aus Gewissensgründen konnte diese verweigert werden. Seit 2011 ist die Wehrpflicht auf Krisenzeiten beschränkt. Details werden in Artikel 12 erläutert.

Artikel 5 garantiert **Meinungs- und Pressefreiheit.**

(1) Jeder hat das Recht, seine Meinung in Wort, Schrift und Bild frei zu äußern und zu verbreiten und sich aus allgemein zugänglichen Quellen ungehindert zu unterrichten. Die Pressefreiheit und die Freiheit der Berichterstattung durch Rundfunk und Film werden gewährleistet. Eine Zensur findet nicht statt.

(2) Diese Rechte finden ihre Schranken in den Vorschriften der allgemeinen Gesetze, den gesetzlichen Bestimmungen zum Schutze der Jugend und in dem Recht der persönlichen Ehre.

(3) Kunst und Wissenschaft, Forschung und Lehre sind frei. Die Freiheit der Lehre entbindet nicht von der Treue zur Verfassung.

Das Recht auf Meinungsfreiheit bedeutet nicht allgemein, dass jede Person sagen und schreiben kann, was sie möchte (denn das könnte sie ja ohnehin in der einen oder anderen Weise), sondern es bedeutet, dass keine der Staatsgewalten anordnen darf, welche Meinungen geäußert werden dürfen und welche nicht; kurz gesagt: der Staat darf keine Zensur ausüben[20].

Artikel 6 garantiert Ehe und Familie besonderen Schutz

Ehe und Familie stehen unter dem besonderen Schutze der staatlichen Ordnung. Pflege und Erziehung der Kinder sind das natürliche Recht der Eltern und die zuvörderst ihnen obliegende Pflicht. Über ihre Betätigung wacht die staatliche Gemeinschaft.

Jede Mutter hat Anspruch auf den Schutz und die Fürsorge der Gemeinschaft.

Den unehelichen Kindern sind durch die Gesetzgebung die gleichen Bedingungen für ihre leibliche und seelische Entwicklung und ihre Stellung in der Gesellschaft zu schaffen wie den ehelichen Kindern.

Artikel 7 regelt das Schulwesen

Das gesamte Schulwesen steht unter der Aufsicht des Staates.

Geregelt wird hier auch das Recht der Erziehungsberechtigten, über die Teilnahme des Kindes am Religionsunterricht zu bestimmen, sowie, dass kein Lehrer gegen seinen Willen verpflichtet werden kann, Religionsunterricht zu erteilen.

Ferner, dass private Schulen gewährleistet sind und unter welchen Bedingungen.

Artikel 8 garantiert das Recht auf Versammlungsfreiheit

Alle Deutschen haben das Recht, sich ohne Anmeldung oder Erlaubnis friedlich und ohne Waffen zu versammeln.

Für Versammlungen unter freiem Himmel kann dieses Recht durch Gesetz oder auf Grund eines Gesetzes beschränkt werden[21].

Artikel 9 garantiert die **Vereinigungsfreiheit**

Alle Deutschen haben das Recht, Vereine und Gesellschaften zu bilden. Vereinigungen, deren Zwecke oder deren Tätigkeit den Strafgesetzen zuwiderlaufen oder die sich gegen die verfassungsmäßige Ordnung oder gegen den Gedanken der Völkerverständigung richten, sind verboten.

Artikel 10 garantiert das **Brief-, Post- und Fernmeldegeheimnis**

Das Briefgeheimnis sowie das Post- und Fernmeldegeheimnis sind unverletzlich.

Beschränkungen dürfen nur auf Grund eines Gesetzes angeordnet werden, wenn sie dem Schutze der freiheitlichen demokratischen Grundordnung oder des Bestandes oder der Sicherung des Bundes oder eines Landes dienen.

Artikel 11 garantiert Freizügigkeit

Alle Deutschen genießen Freizügigkeit im ganzen Bundesgebiet.

Das bedeutet, dass sie sich im Staat von einem beliebigen Ort an einen anderen bewegen dürfen.

Dieses Recht darf nur durch Gesetz oder auf Grund eines Gesetzes eingeschränkt werden, zum Beispiel, wenn dies *zur Abwehr einer drohenden Gefahr für den Bestand oder die freiheitliche demokratische Grundordnung des Bundes oder eines Landes, zur Bekämpfung von Seuchengefahr, Naturkatastrophen oder besonders schweren Unglücksfällen, zum Schutze der Jugend vor Verwahrlosung oder um strafbaren Handlungen vorzubeugen, erforderlich ist.*

Artikel 12 garantiert **freies Recht auf Berufswahl**

Alle Deutschen haben das Recht, Beruf, Arbeitsplatz und Ausbildungsstätte frei zu wählen und *niemand darf zu einer bestimmten Arbeit gezwungen werden,* außer im Rahmen einer allgemeinen Dienstleistungspflicht, die für alle die gleiche ist (wie einem Wehrdienst im Krisenfall, die Details regelt Art. 12a).

Zwangsarbeit ist nur bei einer gerichtlich angeordneten Freiheitsentziehung zulässig.

Artikel 13 garantiert die **Unverletzlichkeit der Wohnung**

Die Wohnung ist unverletzlich., d.h. die eigene Wohnung ist Privatsphäre, die von jedem respektiert werden muss.

Durchsuchungen dürfen nur durch den Richter, bei Gefahr im Verzuge auch durch die in den Gesetzen vorgesehenen anderen Organe angeordnet und nur in der dort vorgeschriebenen Form durchgeführt werden.

Artikel 14 garantiert das **Eigentum und das Recht zu erben**

Das Eigentum und das Erbrecht werden gewährleistet. Inhalt und Schranken werden durch die Gesetze bestimmt.

Eigentum verpflichtet. Sein Gebrauch soll zugleich dem Wohle der Allgemeinheit dienen.

Eine Enteignung ist nur zum Wohle der Allgemeinheit zulässig. Sie darf nur durch Gesetz oder auf Grund eines Gesetzes erfolgen.

Artikel 15 regelt die **Überführung von Eigentum in Gemeineigentum**

Grund und Boden, Naturschätze und Produktionsmittel können zum Zwecke der Vergesellschaftung durch ein Gesetz, das Art und

Ausmaß der Entschädigung regelt, in Gemeineigentum oder in andere Formen der Gemeinwirtschaft überführt werden.

Artikel 16 untersagt den **Entzug der Staatsangehörigkeit**

Die deutsche Staatsangehörigkeit darf nicht entzogen werden.

Ausnahmen sind nur auf Grund eines Gesetzes möglich; wenn die oder der Betroffene allerdings dadurch staatenlos würde, darf die Staatsangehörigkeit in keinem Fall entzogen werden.

Kein Deutscher darf an das Ausland ausgeliefert werden. Ausnahmen sind die Auslieferung an andere EU-Staaten oder an einen internationalen Gerichtshof, falls dabei die Grundsätze der Rechtsstaatlichkeit garantiert sind.

Art 16a regelt das **Asylrecht**:

Politisch Verfolgte genießen Asylrecht.

Dieses Recht kann nicht beansprucht werden für denjenigen, der entweder *aus einem Mitgliedstaat der EU oder aus einem anderen Drittstaat einreisen, in dem die Anwendung des Abkommens über die Rechtsstellung der Flüchtlinge und der Konvention zum Schutze der Menschenrechte und Grundfreiheiten sichergestellt ist.*

Artikel 17 garantiert ein **Petitionsrecht**

Jedermann hat das Recht, sich einzeln oder in Gemeinschaft mit anderen schriftlich mit Bitten oder Beschwerden an die zuständigen Stellen und an die Volksvertretung zu wenden.

Artikel 18 regelt die Bedingungen für die **Verwirkung von Grundrechten**

Wer die Freiheit der Meinungsäußerung, insbesondere die Pressefreiheit, die Lehrfreiheit, die Versammlungsfreiheit, die Vereinigungsfreiheit, das Brief-, Post- und Fernmeldegeheimnis, das Eigentum oder das Asylrecht zum Kampfe gegen die freiheitliche demokratische Grundordnung missbraucht, verwirkt diese Grundrechte. Die Verwirkung und ihr Ausmaß werden durch das Bundesverfassungsgericht ausgesprochen.

Artikel 19 setzt **Grenzen von Grundrechtseinschränkungen**

Soweit nach diesem Grundgesetz ein Grundrecht durch Gesetz oder auf Grund eines Gesetzes eingeschränkt werden kann, muss das Gesetz allgemein und nicht nur für den Einzelfall gelten. Außerdem muss das Gesetz das Grundrecht unter Angabe des Artikels nennen.

In keinem Fall darf ein Grundrecht in seinem Wesensgehalt angetastet werden.

Artikel 20 folgt unmittelbar der Beschreibung der Grundrechte und legt die wichtigsten strukturellen Eckpunkte der Bundesrepublik Deutschland fest:

(1) Die Bundesrepublik Deutschland ist ein demokratischer und sozialer Bundesstaat.

(2) Alle Staatsgewalt geht vom Volke aus. Sie wird vom Volke in Wahlen und Abstimmungen und durch besondere Organe der Gesetzgebung, der vollziehenden Gewalt und der Rechtsprechung ausgeübt.

(3) Die Gesetzgebung ist an die verfassungsmäßige Ordnung, die vollziehende Gewalt und die Rechtsprechung sind an Gesetz und Recht gebunden.

(4) Gegen jeden, der es unternimmt, diese Ordnung zu beseitigen, haben alle Deutschen das Recht zum Widerstand, wenn andere Abhilfe nicht möglich ist.

Die Absätze 1 bis 3 waren weiter oben schon behandelt.

Absatz 3 setzt Recht und Verfassung ins Zentrum des Staates.

Absatz 4 gibt jedem Bürger das Recht, Widerstand gegen jeden zu leisten, der die Rechtsstaatlichkeit beseitigen will (so es keine anderen Mittel gibt). Dieser Paragraph hat seine Wurzeln in den Erfahrungen von 1933 bis 1945. Insbesondere bedeutet „alle" hier: jeder einzelne. Es bedarf keiner Mehrheit. Das ist insofern wichtig, als es oft Mehrheiten waren, die angehenden, charismatischen Diktatoren folgten, und einzelne, die sich dagegen stemmten.

DER DEMOKRATISCHE RECHTSSTAAT

In einem Rechtsstaat ist das vom Souverän eingerichtete Recht – und nicht eine Person oder eine Gruppe von Personen – die grundlegende Instanz im Staat. Alle Abläufe im Rechtsstaat, die politischen Verhältnisse der Bürger untereinander sowie die Beziehungen zwischen Bürgern und Staat, sind dem Recht untergeordnet und dürfen sich nur innerhalb der vom Recht gesetzten Grenzen abspielen.

Der essentielle Punkt daran ist, dass im Rechtsstaat alle Organe der Staatsgewalt an das Recht gebunden sind. Das gilt für die obersten Staatsorgane wie Regierung oder Parlament genauso wie für alle nachgeschalteten Organe wie die Polizei oder die alltägliche Verwaltung wie zum Beispiel das Finanzamt.

Im Prinzip könnte z.B. ein Tyrann, eine Königin oder ein Parteizentralkommitee in einem Einparteiensystem ohne Beteiligung des Staatsvolks ein Rechtssystem aufstellen, an das sich (fast) alle halten müssen, das aber – per Gesetz – bei Bedarf vom Alleinherrscher geändert werden kann. In einem solchen Rechtssystem ist das Recht nicht oberste Instanz, es ist kein Rechtsstaat.

Damit das Recht aber den Personen des Staatsvolks dient und auch von diesen verändert werden kann (zu Einschränkungen s.u.), muss der Rechtsstaat demokratisch sein.

Rechtsstaat und demokratischer Rechtsstaat sind also Synonyme; sie bedeuten dasselbe.

Demokratisch ist der „Demokratische Rechtsstaat", weil
– der Volkswille in wohldefinierten zeitlichen Abständen ein jeweils neues Parlament bestimmt und dadurch indirekt auch eine
neue Regierung, ferner weil

- alle die Freiheit haben, sich in Parteien zur organisieren, die von
ihnen bevorzugte Partei in allgemeinen, unmittelbaren, freien,
gleichen und geheimen Wahlen zu wählen oder sich selbst als
parteilose Kandidaten zur Wahl zu stellen.

Rechtsstaatlich ist der „Demokratische Rechtsstaat", weil
– es eine Teilung der Staatsgewalt in drei weitgehend unabhängige Säulen gibt: Exekutive, Legislative und Judikative, wobei die
Unabhängigkeit der Justiz essentiell und unabdingbar für den
Rechtsstaat ist und

– weil alle Teile der Staatsmacht ausnahmslos an die verfassungsmäßige Ordnung gebunden sind.

Diese absolute Bindung aller an das demokratisch entstande-
ne Recht stellt so den wesentlichen Schutz der Bürger vor Will-
kür des Staates dar[22].

Da das Recht und speziell die Verfassung als oberstes Gesetz
so zentrale Bedeutung haben, stellen sich die Fragen:

- Wie entsteht die Verfassung eines Rechtsstaats?

- Wie kann sie geändert werden?

- Wie kann der Rechtsstaat seiner eigenen Abschaffung und
damit der Abschaffung der Grundrechte der Bürger vorbeugen
und ein Abgleiten in eine Diktatur verhindern?

Eingerichtet werden Verfassungen meist bei der Gründung
von Staaten. In West-Deutschland wurde nach dem 2. Weltkrieg
(1939-1945) und nach Vorberatungen der westlichen Alliierten

(Frankreich, UK und USA) vom so genannten Parlamentarischen Rat ein Grundgesetz erarbeitet. Im Mai 1949 wurde es verkündet und trat einen Tag nach Verkündigung, am 23. Mai 1949, in Kraft. Seit diesem Tag existiert die Bundesrepublik Deutschland.

Änderungen des Grundgesetzes sind jeweils nur durch ein Gesetz möglich, also nur durch die Legislative, nicht etwa durch ein Gericht, die Regierung, oder den Präsidenten. Die Hürde für Änderungen des Grundgesetzes ist mit Bedacht sehr hoch gelegt: es bedarf dazu einer doppelten, qualifizierten Mehrheit, nämlich einer Mehrheit von 2/3 der Mitglieder des Bundestages und 2/3 der Stimmen des Bundesrates.

Zudem sind bestimmte Änderungen des Grundgesetzes a priori grundsätzlich ausgeschlossen, nämlich das Bekenntnis zur Menschenwürde (Art. 1) und der allgemeine Staatsaufbau (Art. 20); ferner sind Einschränkungen der Grundrechte sehr enge Grenzen gesetzt.

Durch diesen Rahmen erhält das Staatsvolk, also der Souverän des demokratischen Rechtsstaats, einerseits die Flexibilität für Weiterentwicklung und Veränderungen, aber andererseits auch eine Beständigkeit in seinen unveränderlichen Grundfesten, nämlich der Festlegung auf einen demokratischen und sozialen Bundesstaat sowie das Bekenntnis zur Menschenwürde und den Grundrechten der Bürger.

Diese demokratisch-rechtsstaatlichen Prinzipien garantieren, dass sich Änderungen im Volkswillen auch in Änderungen der politischen Machtverhältnisse widerspiegeln, wobei sich Minderheiten zu Mehrheiten wandeln können und umgekehrt, denn die

Staatsmacht wird immer nur auf Zeit gewährt, und zwar durch Wahlen und die Möglichkeit von Abwahlen.

Die Staatsmacht, die jeweils durch die Selbstbestimmung des Staatsvolks entsteht, beruht also genau genommen auf dem *in Freiheit und Gleichheit ausgedrückten Willen der jeweiligen Mehrheit* des Staatsvolks, wobei die jeweilige Minderheit unterliegt. Die Minderheit ist dabei aber geschützt, und zwar durch ihre in der Verfassung festgelegten Grundrechte und dadurch, dass Änderungen der Verfassung (die diesen Schutz mindern könnte) gegen mehr als 1/3 der beiden Kammern des Parlaments nicht beschlossen werden können.

Freiheit und Gleichheit sind also bei Wahlen unabdingbare Voraussetzungen, denn nur dadurch sind Alternativen zur jeweils herrschenden Machtkonstellation möglich, nur dadurch können die, die heute der hrrschenden Mehrheit angehören, nach den nächsten Wahlen in der Minderheit sein, und umgekehrt.

Ohne Freiheit, Gleichheit und Gewaltenteilung können der jeweiligen politischen Opposition einschüchternde Hindernisse (bis zur Inhaftierung oder Ermordung politischer Gegner oder Protagonisten alternativer Pressemeinungen) in den Weg gelegt werden, so dass das Volk zwar wählt, aber der Wahlausgang *de facto* von vornherein feststeht. Unter solchen Umständen – wie sie in Staaten, die keine Rechtsstaaten sind, regelmäßig zu beobachten sind – existiert die Selbstbestimmung des Staatsvolks nicht.

TEIL III

ZWISCHENSTAATLICHE BEZIEHUNGEN

Seit die Menschen sesshaft geworden waren und sich die ersten Staaten gebildet hatten – also seit der neolithischen Revolution – gab es ein Interesse, mit Nachbarvölkern Absprachen zu treffen, zum Beispiel um zu beidseitigem Vorteil Handel zu treiben oder Bündnisse zu schließen. Solche zwischenstaatliche (= internationale) Absprachen und Bündnisse waren die ersten Schritte zu einem Völkerrecht. Heute gibt es etwa 200 Staaten auf der Erde, deren Bürger unter zum Teil sehr unterschiedlichen Bedingungen leben, und eine große Anzahl völkerrechtlicher Verträge unter ihnen[23].

Das Recht, wie wir es heute in Kontinentaleuropa und vielen anderen Teilen der Welt kennen, geht auf die Entwicklung des Rechts im antiken Rom zurück. Die Römer unterschieden zwischen einem *ius civile* (wörtl.: „Zivilrecht"), welches die Angelegenheiten innerhalb des Staates regelte (Kauf, Tausch, Erbe, Ehe, etc) und einem so genannten *ius gentium*, wörtlich also ein Recht zwischen den „*gentes*", womit Volksgruppen oder Völker gemeint waren. Das *ius gentium* regelte verbindlich Abmachungen mit anderen Staaten oder Stadtstaaten. Kernpunkte solcher Abmachungen waren immer schon Handel, Krieg und Frieden; es ging also zum Beispiel um Hilfs-, Handels- oder Besteuerungsabkommen sowie um den Status von Gesandten. Hier liegen die

Anfänge des Völkerrechts (das Wort „Völkerrecht" ist eine Übersetzung von *ius gentium*). Das Völkerrecht hat sich allerdings erst nach dem Mittelalter in der Neuzeit weiterentwickelt.

Prinzipiell interagieren Staaten völkerrechtlich auf sehr unterschiedliche Weise miteinander: sie können sich z. B. in Organisationen zusammenschließen, sie können Verträge zur gemeinsamen Verteidigung vereinbaren, oder sie können Staatenbünde gründen und einen Teil ihrer Souveränität auf den jeweiligen Staatenbund übertragen.

Meilensteine auf dem Weg zu einem humanitären Völkerrecht und zu internationalen Organisationen zur Friedenssicherung waren
– die Genfer Konventionen (oder Genfer Abkommen)
– der Völkerbund und
– die Vereinten Nationen (UNO).

I. Internationale Organisationen

Genfer Konventionen und Rotes Kreuz

Die erste Genfer Konvention wurde 1864 unterzeichnet, fünf Jahre nach der Schlacht von Solferino und Magenta (1859) im zweiten italienischen Unabhängigkeitskrieg. Es war der erste völkerrechtliche Vertrag, der eine humanitäre Behandlung von im Krieg Verletzten festlegte. Die zwölf unterzeichneten Staaten verpflichteten sich in kriegerischen Auseinandersetzungen
– keine Einrichtungen zu besetzen oder zu zerstören, in denen Verwundete behandelt werden,
– Zivilisten, die Verwundeten Hilfe leisten, zu schützen und
– das Rote Kreuz als Symbol Hilfeleistender anzuerkennen.

Das internationale Komitee des Roten Kreuzes war ein Jahr zuvor (1863) in demselben Zusammenhang gegründet worden. Die Genfer Konventionen wurden mehrfach erweitert, nämlich auf Kriegsmarinesoldaten, Kriegsgefangene und den Schutz der Zivilbevölkerung im Krieg. Heute versteht man unter Genfer Konvention die 1949 verabschiedeten Verträge[24].

(https://www.humanrights.ch/de/ipf/grundlagen/rechtsquellen-instrumente/humanitaeres-voelkerrecht/genfer-abkommen)

Der Völkerbund

Ein weiterer Versuch, das humanitäre Völkerrecht und eine dauerhafte Friedenssicherung auszubauen, war die Gründung des Völkerbunds nach dem ersten Weltkrieg (1914 - 1918). Dieser wurde als zwischenstaatliche Organisation von 32 Gründungsmitgliedern im Rahmen der Friedenskonferenz in Paris eingerichtet. Sein Ziel der Friedenssicherung durch internationale Schiedsgerichte, die Konflikte ausräumen sollten, hat der Völkerbund allerdings nicht erreicht[25].

Die UNO

Noch im zweiten Weltkrieg (1942) starteten der Präsident der USA Roosevelt und der britische Premierminister Churchill einen weiteren Versuch, eine internationale Organisation zu schaffen, die den Frieden in der Welt, freundschaftliche Beziehungen zwischen den Nationen, internationale Zusammenarbeit sowie die Menschenrechte fördern sollte. Die von ihnen erarbeitete so genannte Atlantik-Charta wurde noch 1942 in der DEKLARATION DER VEREINTEN NATIONEN von 26 Staaten unterstützt. Es traten im Lauf von drei Jahren zunächst die Sowjetunion, die Republik China und dann auch Frankreich bei. Ergebnis der gemeinsamen Bemühungen war die CHARTA DER VEREINTEN NATIONEN, die im Juni 1945 in San Francisco von 50 Staaten unterzeichnet wurde. Noch in demselben Jahr trat die Charta in Kraft. Sitz der Vereinten Nationen (United Nations Organization, UNO) wurde New York.

Artikel 1 der UNO-Charta definiert folgende Ziele:

– Wahrung des Weltfriedens und der internationalen Sicherheit

– Entwicklung besserer und freundschaftlicher Beziehungen zwischen den Nationen

– internationale Zusammenarbeit, Lösung globaler Probleme und Förderung der Menschenrechte

– Mittelpunkt zu sein, an dem die Nationen diese Ziele gemeinsam verhandeln.

Drei Jahre später (1948) wurde die Charta um die ALLGEMEINE ERKLÄRUNG DER MENSCHENRECHTE erweitert. In 30 Artikeln wurden die Grundrechte aufgeführt, die jedem Menschen zustehen. Obwohl diese „Rechte" nicht einklagbar waren, gaben sie eine Richtschnur vor, und sie haben spürbaren Einfluss auf spätere Menschenrechtskataloge gehabt, zum Beispiel auf die in zahlreichen Verfassungen formulierten Menschenrechte und auf die im EU-Vertrag festgehaltenen Werte.

Heute ist die überwältigende Mehrheit aller existierenden Staaten Mitglied in der UNO. 193 Staaten sind von allen Staaten der UNO anerkannt. 12 weitere Staaten sind zur Zeit nur von einer mehr oder weniger großen Anzahl anderer Staaten anerkannt. Zum Beispiel wird die Republik China (Taiwan), die von der Volksrepublik China als Teil des eigenen Staatsgebietes angesehen wird, nur von relativ wenigen Staaten anerkannt (z. Zt. sind es 22)[26]. Der Staat Palästina wird von einer zunehmenden Anzahl von Staaten anerkannt (momentan: 138).

Die wichtigsten UN-Organe sind die Vollversammlung, in die jeder Mitgliedstaat ein Mitglied entsendet, sowie der Sicherheitsrat, der 15 Mitglieder hat; fünf der Mitglieder sind ständige Mitglieder (USA, China, Russland, Frankreich und UK) und haben Vetorecht[27]. Der Sicherheitsrat kann Resolutionen verfassen sowie Maßnahmen beschließen, die den Frieden sichern oder notfalls erzwingen sollen (z.B. einen Handelsboykott). Sollte einer der fünf Mitgliedsstaaten im Sicherheitsrat in einem Krieg der Aggressor sein (wie z.B. Russland im Ukraine-Krieg 2022), ist der Rat wegen des Vetorechts dieses Staates blockiert und wirkungslos. Einen Sicherheitsrat von Rechtsstaaten gibt es (noch) nicht.

Ein weiteres UN-Organ ist der Internationale Gerichtshof in Den Haag. Er entscheidet als allgemeines, internationales völkerrechtliches Gericht bei Streitigkeiten zwischen Mitgliedstaaten, allerdings nur solchen, die ihn anerkennen.

Die UNO ist durch völkerrechtliche Verträge mit siebzehn selbstständigen Organisationen verbunden. Bekannte Beispiele:

– FAO
  Food and Agriculture Organization

– der IWF
  Internationaler Währungsfond

– die UNESCO
  UN Educational, Scientific and Cultural Organization

– WHO
  World Health Organization

II. Militärbündnisse

Militärisches Zusammengehen von Staaten lässt sich durch die gesamte Geschichte finden. Meistens waren es vermutlich Bündnisse zur eigenen Sicherheit, aber es gab auch immer schon Grenzfälle zwischen Verteidigung, Aggression und Besetzung, bei denen nicht klar war, wer zu Beginn Angreifer und wer Verteidiger war.

Ein Militärbündnis ist ein Defensivbündnis, wenn sich im Fall eines militärischen Angriffs auf einen der Bündnispartner alle Bündnispartner als angegriffen betrachten und den Aggressor gemeinsam abwehren.

Momentan gibt es zwölf Militärbündnisse in den verschiedenen Regionen der Erde, zum Beispiel

- der Rio-Pakt in Süd- und Nordamerika
- die Shanghaier Organisation für Zusammenarbeit
- der ANZUK-Pakt, in Südostasien (Australien, Neuseeland, Singapur, Malaysia, UK)
- OVKS (Russland, Belarus, Armenien, Kasachstan, Kirgisistan, Tadschikistan)
- AUKUS (Australien, UK, USA, seit 2021)
- Europäische Union. Im EU-Vertrag von 2009 wurde auch ein militärischer Beistand im Fall eines Angriffs durch Dritte vereinbart.
- NATO = North Atlantic Treaty Organization, Nordamerika und Europa (seit 1949). Der Nordatlantikpakt ist momentan das größte Militärbündnis. Die Beistandspflichten sind in

Art. 5 des Vertrags festgelegt und definieren die NATO als Defensivbündnis.

Defensivbündnisse dienen insofern der Sicherheit, als der „Bündnisfall" – also die gemeinsame Verteidigung gegenüber einem Aggressor – nur dann einsetzt, wenn ein Bündnispartner von einem Drittstaat angegriffen wird. Solange dies nicht passiert, sind alle Drittstaaten vor militärischen Aktionen des Bündnisses sicher. Natürlich setzte ein Defensivbündnis seine Glaubwürdigkeit aufs Spiel, wenn der Bündnisfall leichtfertig ausgerufen würde. Im Fall der NATO wurde er bisher (bis 9/2022) genau einmal ausgerufen, und zwar nach den Angriffen am 11. September 2001 auf das World Trade Center in New York. Diese Reaktion wurde – insbesondere im Zusammenhang mit dem sich anschließenden Afghanistan-Krieg – kontrovers diskutiert, denn das akzeptierte Verständnis des Art. 5 des NATO-Vertrags war bis dahin, dass der Bündnisfall nur nach einem Angriff durch *Staaten* ausgerufen werden kann, nicht aber bei Angriffen durch Personen oder Personengruppen wie terroristische Vereinigungen.

III. Staatenbünde

„Staatenbund" und „Bundesstaat" werden manchmal verwechselt. Ein Bundesstaat ist ein Staat, der aus Gliedstaaten besteht; zum Beispiel ist die Schweiz ein Verbund von Kantonen und Österreich oder Deutschland ein Verbund von Bundesländern.

Im Gegensatz dazu ist ein Staatenbund ein Verbund souveränen Staaten, die gemeinsam gewisse Ziele verfolgen und zu diesem Zweck konstant oder auf Zeit einen gewissen Teil ihrer Kompetenzen und ihrer Souveränität an den Verbund übertragen.

Für den Zusammenschluss von Staaten zu einem Verbund oder Staatenbund gibt es keine festen Regeln. Daher ist auch kein Staatenbund wie ein anderer. Weltweit gibt es nur sehr wenige, die zusammen genommen allerdings fast die Hälfte aller Staaten umfassen. Dies sind

- die Afrikanische Union
    55 afrikanische Staaten
- die Andengemeinschaft
    Bolivien, Kolumbien, Ecuador und Peru
- die Benelux-Union
    Belgien, Niederlande, Luxemburg
- die Russisch-Weißrussische Union
    Weißrussland und Russland
- die Europäische Union (EU).
    27 EU Staaten

Momentan ist die EU der Staatenbund mit dem größten wirtschaftlichen Gewicht. Wegen der enormen Bedeutung für alle Bürger in der Europäischen Union werden im Folgenden die wichtigsten Stufen der Entwicklung dieses Staatenbunds sowie ihre obersten Organe kurz beschrieben.

EUROPÄISCHE UNION (EU)

Die EU ist ein Staatenbund, der sich seit den 1950er Jahren über verschiedenen Vorformen entwickelt hat. Die anfänglichen Ziele waren ausschließlich wirtschaftlicher Art, basierend auf der Überzeugung, dass gemeinsame wirtschaftliche Interessen nicht nur besseres Wirtschaften, sondern auch den Frieden untereinander garantieren.

Sechs Länder (Frankreich, Deutschland, Italien, Luxemburg, Belgien und die Niederlande) gründeten 1951 eine Kohle- und Stahlunion, die die Wirtschaftsbeziehungen zwischen diesen Staaten vereinfachte und 1968 eine Angleichung der Zölle realisierte. Einige Jahre später (1957) wurde von denselben Ländern die Europäische Wirtschaftsgemeinschaft (EWG) gegründet, sowie ein Vertrag zur zivilen Nutzung der Kernenergie (Euratom-Vertrag) vereinbart. Diese so genannten RÖMISCHEN VERTRÄGE traten am 1.1.1958 in Kraft und etablierten die drei wesentlichen Säulen der neuen europäischen Zusammenarbeit nach dem zweiten Weltkrieg.

Im Lauf der Zeit traten mehr und mehr Staaten bei (Abb. 3) und die drei Säulen fusionierten in mehreren Schritten und Verträgen. Die wichtigsten Meilensteine in der Entwicklung zur EU sind der MAASTRICHT-VERTRAG und der LISSABON-VERTRAG.

I. Der Maastricht-Vertrag (1993)

Der Maastricht-Vertrag löste die Römischen Verträge ab und bedeutete einen wichtigen weiteren Integrationsschritt:

Der Staatenbund stand von nun an auf folgenden drei Säulen:

A: Europäische Gemeinschaft EG
(als Nachfolge von EWG und Euratom)

B: Zusammenarbeit von Polizei und Justiz in Strafsachen

C: Gemeinsame Außen- und Sicherheitspolitik.

Im Kern wurde folgendes vertraglich vereinbart:

- Die Europäische Gemeinschaft (EG) wird Nachfolgerin der EWG und ist als solche eine Rechtspersönlichkeit. Das bedeutet unter anderem, dass sie mit Organisationen und Staaten außerhalb der EG Verträge abschließen kann.

- Es wird bis spätestens 1999 ein gemeinsamer Wirtschafts- und Währungsraum mit einer gemeinsamen Währung entstehen. Der Beitritt wurde an die dauerhaft geltende Bedingung eines stabilen Staatshaushalts geknüpft: nämlich eine Defizitquote (= jährliche Neuverschuldung des Staates) von weniger als 3 % und ein Stand der gesamten Schulden eines Staats von weniger als 60 % des Bruttoinlandsprodukts (BIP)[28]. Diese Regeln sollten den Euro *per constructionem* zu einer stabilen Währung machen. Ab 1999 waren die Wechselkurse zwischen den beteiligten Währungen (Francs, Lire, Kronen, DM, Gulden, etc) eingefroren, womit die gemeinsame Währung *de facto* schon existierte, und ab 2002 wurde der Euro (€) als Bargeld eingeführt.

- Es wurde ferner eine verstärkte Zusammenarbeit in der Außen-, Innen-, Sicherheits- und Justizpolitik vereinbart. In diesen Bereichen gilt allerdings bei Abstimmungen nach wie vor das Einstimmigkeitsprinzip, was praktisch – d.h. wegen der oft fehlenden Einstimmigkeit – bedeutet, dass diese Kompetenzen weitgehend bei den einzelnen Staaten blieben.

- Neben den Staatsbürgerschaften der einzelnen EU-Staaten tritt mit dem Maastricht-Vertrag die Unionsbürgerschaft. Jeder Bürger eines EU-Landes erhält sie automatisch. Sie steht seitdem auch auf Reisepässen.

Die Unionsbürgerschaft ist zwar keine Staatsbürgerschaft im eigentlichen Sinn (weil die EU kein Staat ist), sondern wird zusätzlich verliehen, aber der etwas laxe, allerdings übliche Ausdruck „EU-Bürger" bedeutet dennoch viel: Bürger eines EU-Landes haben in allen anderen EU-Ländern viele der Rechte, die sie auch in ihrem eigenen Land haben. Sie genießen z.B. Freizügigkeit, d. h. sie können frei in andere EU-Länder ein- und ausreisen; sie können z.B. von Estland bis Portugal oder von Irland bis Rumänien fahren, ohne an einer der vielen Staatsgrenzen (die ohnehin kaum noch sichtbar sind) ihren Pass oder Personalausweis vorzeigen zu müssen, um die Grenze passieren zu dürfen. Es gibt freien Warenverkehr zwischen EU-Ländern, EU-Bürger dürfen in anderen EU-Ländern Dienstleistungen erbringen, ohne dort zu wohnen, sie können sich ferner in anderen EU-Ländern niederlassen, dort wohnen und auch dort arbeiten. EU-Bürger haben in der gesamten EU automatisch eine Aufenthaltserlaubnis und in dem Staat, wo sie wohnen, auch ein aktives wie passives Wahlrecht auf Kommunalebene sowie das Wahlrecht für das Europäische Parlament. Ferner haben alle EU-Bürger das Recht, beim Europäische Parlament eine Petition einzureichen. Das alles dürfen Nicht-EU-Bürger nicht. Insofern hat die Unionsbürgerschaft den EU-Bürgern eine ganze Reihe neuer Rechte gebracht, was für viele von großer Bedeutung ist.

II. Der Lissabon-Vertrag (2009)

Die wesentlichen Punkte dieses Vertrages sind:

- die drei im Maastricht-Vertrag festgelegten Säulen des Staatenbundes werden zur Europäischen Union (EU) vereint.

- der Europäische Rat (s.u.) wird den anderen obersten Institutionen der EU gleichgestellt.

- die Amtszeit des Präsidenten des Europäischen Rates beträgt 2,5 Jahre (bei Wiederwahl max. 5 Jahre). Ziel: Kontinuität der Arbeit, denn zuvor wechselte der Ratsvorsitzende alle sechs Monate.

- Gründung eines Europäischen Auswärtigen Dienstes und mehr Kompetenzen für den Hohen Vertreter der EU für Außen- und Sicherheitspolitik.

- Vereinfachung von Mehrheitsbeschlüssen (natürlich nur dort, wo diese vorgesehen sind) durch so genannte doppelte Mehrheitsbeschlüsse:
  Bei Mehrheitsentscheidungen müssen zustimmen:
  (a) 55 % der Mitgliedstaaten und diese müssen
  (b) mindestens 65 % der EU-Bevölkerung vertreten.

- Die EU ist nach Art. 42 auch ein Defensivbündnis:
  Im Fall eines bewaffneten Angriffs auf einen der Mitgliedstaaten müssen die anderen ihm „alle in ihrer Macht stehende Hilfe und Unterstützung" zukommen lassen.

- Einführung einer Europäischen Bürgerinitiative. Dies ist ein Element der direkten Demokratie: die Europäische Kommission muss zu einem bestimmten Thema (das in ihrer Kompetenz liegen muss), einen Gesetzentwurf vorlegen, falls dies durch mindestens eine Million Unterschriften, die aus einem Viertel der EU-Mitgliedstaaten stammen, gefordert wird.

- Die EU-Grundrechte-Charta, die seit dem Jahr 2000 existierte, wird durch den Vertrag von Lissabon (2009) rechtskräftig. Sie ist für die EU als ganze und für alle Mitgliedstaaten verbindlich.

- Definition der Europäischen Werte (Art. 2):
  „Die Werte, auf die sich die Union gründet, sind die Achtung
  der Menschenwürde, Freiheit, Demokratie, Gleichheit,
  Rechtsstaatlichkeit und die Wahrung der Menschenrechte
  einschließlich der Rechte der Personen, die Minderheiten
  angehören.
  Diese Werte sind allen Mitgliedstaaten in einer Gesellschaft
  gemeinsam, die sich durch Pluralismus,
  Nichtdiskriminierung, Toleranz, Gerechtigkeit, Solidarität
  und die Gleichheit von Frauen und Männern auszeichnet."

- Höhere Hürden für Beitritt zur EU
  Zum Beitritt müssen Kandidatenstaaten nicht nur die Europäischen Werte achten, sondern sie auch fördern.

- Regeln für den Austritt aus der EU
  Erstmalig wird festgelegt (Art. 50), wie ein Staat aus der EU austreten kann, wie ein Austrittsvertrag ausgehandelt werden muss und welche Zeiten dabei einzuhalten sind.

III. Organe der EU

Nach dem Lissabon-Vertrag – oft einfach EU-Vertrag genannt – hat die EU sieben oberste Organe oder Institutionen:

1. Der Europäische Rat (Sitz: Brüssel)

Mitglieder: Regierungschefs der 27 EU-Staaten
Zuständigkeit: Festlegung von Zielen und politischen Prioritäten, Vorschlagsrecht für den Präsidenten der EU-Kommission.
(Der Europäische Rat ist nicht mit dem Europarat in Straßburg zu verwechseln.)

2. Rat (auch Ministerrat genannt, Sitz: Brüssel)

Mitglieder: Ein Minister pro EU-Land. Welcher Minister das jeweils ist, hängt vom zu entscheidenden Thema ab, d.h. alle Innenminister treffen sich, wenn es z.B. um Fragen der Sicherheit auf EU-Ebene geht.

Zuständigkeit: Gesetzgebung auf EU-Ebene, meistens zusammen mit dem Parlament in Straßburg. Wenn beide Institutionen abstimmen (was meistens der Fall ist), stimmt der Rat nach dem Mehrheitsprinzip ab (s. Lissabon-Vertrag). Beschließt der Rat allein (bei geringem Belang), ist Einstimmigkeit nötig.

3. Parlament (Hauptsitz: Straßburg, weitere Standorte: Brüssel und Luxemburg)

Mitglieder: 704 Mitglieder aus 27 EU-Staaten, direkt gewählt von den Bürgern der EU-Staaten. Die Anzahl der Abgeordneten wird nach der „degressiven Proportionalität" bestimmt. Das bedeutet: Große Länder haben mehr Abgeordnete im EU-Parlament als kleinere, aber etwas weniger als es dem Verhältnis der Bevölkerungen entspricht. Auf diese Weise sind größere Länder unterrepräsentiert, aber immer noch stark vertreten und kleinere überrepräsentiert (und einige überhaupt vertreten).

Zuständigkeit: Gesetzgebung, zusammen mit dem Rat. Das Parlament kann die EU-Kommission auffordern, innerhalb eines Jahres einen Gesetzesvorschlag vorzulegen. Wenn dann der Rat und das EU-Parlament zustimmen, heißt das Ergebnis aber nicht „Gesetz" – denn Gesetze können nur von Parlamenten der souveräner Mitgliedstaaten verabschiedet werden – sondern Richtlinie, Beschluss oder Empfehlung.

Ferner hat das Parlament das letzte Wort über die Ausgaben der EU. Da der Rat über die Einnahmen entscheidet, sind für die Verabschiedung des EU-Budgets sowohl der Rat als auch das Parlament nötig.

4. Die Europäische Kommission (Sitz: Brüssel)

Mitglieder: Kommissare, 1 pro EU-Staat, werden von den einzelnen Staaten vorgeschlagen, vom EU-Parlament auf hinreichende Eignung geprüft und wurden meistens – aber nicht immer – bestätigt.

Zuständigkeit: Die EU-Kommission – wie sie meist genannt wird - hat als einziges Organ das Recht, Gesetze auf den Weg zu bringen, also Gesetzgebungsverfahren zu initiieren. Verglichen mit den obersten Organen einzelner Staaten, entspricht die EU-Kommission am ehesten der Regierung. Sie hat auch die Aufgabe, die Einhaltung von EU-Recht in den Mitgliedstaaten zu überwachen und kann im Fall von Verletzungen beim EuGH gegen einzelne Mitglieder klagen.

5. Europäischer Gerichtshof (EuGH, Sitz: Luxemburg)

Mitglieder: Die Regierung jedes Mitgliedstaats der EU entsendet eine Richterin oder einen Richter. Diese müssen die Qualifikation für ein höchstes Richteramt besitzen.

Zuständigkeiten: „Wahrung des Rechts bei der Auslegung und Anwendung" der EU-Verträge. Im Vergleich zu den obersten Organen der Mitgliedstaaten entspricht der EuGH zusammen mit dem nachgeordneten Gericht der EU (erste Instanz) der Judikative. Der EuGH ist auch für Klagen der Mitgliedstaaten gegen die EU-Kommission zuständig. Neben Mitgliedstaaten können sich auch einzelne Bürger eines EU-Landes auf EU-Recht berufen und klagen.

Der EuGH ist nicht mit dem Europäischen Gerichtshof für Menschenrechte (EGMR) zu verwechseln. Der EGMR untersucht in den Mitgliedsländern des Europarats, zu denen neben den EU-Staaten auch die Türkei und einige Kaukasusstaaten gehören, Verletzungen der Europäischen Menschenrechtskonvention von 1953.

6. Rechnungshof (Sitz: Luxemburg)

Mitglieder: Ein Mitglied pro Mitgliedstaat.

Zuständigkeiten: Der Rechnungshof der EU prüft, ob die Einnahmen und Ausgaben der EU-Organe rechtmäßig sind, ob also zum Beispiel die Mittel für die vorgesehenen Zwecke ausgegeben wurden oder nicht. Auch die Rechtmäßigkeit der EU-Ausgaben in den Mitgliedstaaten (evtl. auch in anderen Staaten, die Empfänger – etwa von Fördermitteln – sind) wird überprüft.

7. Europäische Zentralbank (EZB, Sitz: Frankfurt a.M.)

Die EZB wird vom EZB-Direktorium (Präsidentin, Vizepräsident, vier weitere Mitglieder) und vom EZB-Rat (ein Mitglied pro Mitgliedstaat) geleitet.

Zuständigkeiten: Überwachung des Bankensystems in der EU; Regulierung der Geldmenge, um Preisstabilität zu garantieren; Verwaltung von Geldeinlagen der nationalen Zentralbanken; Genehmigung der Ausgabe von Bargeld durch die nationalen Zentralbanken.

IV. Budget

Die EU verfügt im Jahresmittel über einen Etat (Haushalt, Budget) von ca. 260 Milliarden Euro. Das sind etwa 15 % dessen, was Bund, Länder und Gemeinden in Deutschland im Jahr 2020 ein- und ausgegeben haben. Knapp die Hälfte dieses Betrags wird für Subventionen in die Landwirtschaft der EU-Länder ausgegeben; die Mitgliedstaaten sparen also entsprechend Subventionen für die Landwirtschaft[29].

V. Zuständigkeit nach dem Prinzip der Subsidiarität

Um in der EU überflüssige Verwaltung und überflüssige Prozesse, Dopplungen von Aufgaben und Zuständigkeiten zu vermeiden, wurde generell das **Subsidiaritätsprinzip** zugrunde gelegt.

Das bedeutet, dass jede politisch-administrative Ebene der jeweils höheren Ebene, so gut es geht, hilft, anstehende Aufgaben zu lösen und zu bewerkstelligen (lat. subsidium: Hilfestellung).

Die elementarste Ebene der Politik ist die der Gemeinde oder Stadt. Nur Aufgaben, die dort nicht optimal oder gar nicht lösbar sind, müssen auf der je nächst höheren politischen Ebene gelöst werden, in Deutschland also im Landkreis oder als nächstes im Bundesland. Alle Aufgaben, die auch im Bundesland nicht lösbar sind, müssen auf Bundesebene, also von Bundesregierung und/oder Bundestag gelöst werden; nur Angelegenheiten, die auch auf der Ebene einzelner Staaten nur suboptimal oder gar nicht lösbar sind, fallen in die Zuständigkeit des Staatenbunds, also der EU.

Bei Streitigkeiten in Grenzfällen, also der Frage, ob die EU oder die Mitgliedstaaten zuständig sind, entscheidet im Rahmen seiner Kompetenzen der EuGH.

VI. Rechtsstaatliche Wirtschafts- und Werteunion

Die EU war in erster Linie (zunächst als EWG und dann als EG) eine Wirtschaftsunion, aber spätestens seit 2009 (Lissabon) greift diese Sicht viel zu kurz, denn die EU ist vielmehr ein komplexer, durch das Recht und durch gemeinsame Werte verbundener Staatenbund. Sie gründet sich auf die in Art. 2 des EU-Vertrags genannten Werte. Verbunden mit der seit dem Lissabon-Vertrag rechtskräftigen EU-Grundrechte-Charta erhielten alle EU-Bürger Grundrechte, die auf diesen Werten beruhen und einklagbar sind. Darin liegt ihre herausragende Bedeutung und der Unterschied zu früheren Menschenrechtsdeklarationen.

Die EU-Grundrechte-Charta ordnet die Grundrechte in sechs Gruppen: Würde des Menschen, Freiheiten, Gleichheit, Solidarität, Bürgerrechte und justizielle Rechte.

Jeder Mitgliedstaat kann seinen Bürgern in seiner Verfassung Grundrechte gewähren, die über die der EU-Charta genannten hinausgehen, aber die in der EU-Charta definierten Grundrechte dürfen in keinem Mitgliedstaat unterschritten werden. Für Länder, die der EU beitreten wollen, sind Achtung und Förderung der Grundrechte notwendige Voraussetzungen für den Beitritt zum Staatenbund.

Die EU ist damit weltweit die erste Wirtschaftsunion von Rechtsstaaten, in der jeder Bürger Grundrechte besitzt, die auf Ebene der Union eingeklagt werden können.

LITERATUR

A. Demandt: *Antike Staatsformen. Eine vergleichende Verfassungsgeschichte der Alten Welt.* Berlin 1995 (Kap. XIII).

C.-L. de Secondat, Baron de la Brède et de Montesquieu: *Vom Geist der Gesetze.* Ditzingen 1986.

C. Starck: *Woher kommt das Recht?* Tübingen 2015.

D. von der Pforten: *Menschenwürde.* München 2016.

O. Model und C. Creifelds : *Staatsbürger-Taschenbuch.* München 2018.

O. Behrends: *Römisches Recht Von den Anfängen bis heute.* Göttingen 2022.

U. Hochschild: *Engel, Menschen, Gewaltenteilung - Realität eines Verfassungsprinzips.* Göttingen, 2022.

Links:

Grundgesetz:
https://www.bpb.de/nachschlagen/gesetze/grundgesetz/
http://www.gesetze-im-internet.de/gg/GG.pdf
EU:
https://european-union.europa.eu/institutions-law-budget/institutions-and-bodies_de

ANMERKUNGEN UND VERTIEFENDE FRAGEN

Im vorangegangenen Text sind einzelne Begriffe mit einer hochgestellten Zahl versehen. Zu diesen Begriffen sind im Folgenden kurze Anmerkungen und Fragen formuliert, deren Behandlung zu einem vertieften Verständnis führen kann.

1. Benenne die dargestellten Staaten (z.B.: grün: Frankreich) vor und nach dem Ersten Weltkrieg.

2. Nenne Völker ohne Staatsgebiet!

3. Nenne Beispiele für Übergänge von Alleinherrschaft –> Oligarchie (auch Militärjunta)!

4. Wie werden die Regierungschefs in verschiedenen Ländern genannt?

5. Beschreibe die Aufgaben der Monarchen in den Monarchien der EU!

6. Welche Funktionen üben die Präsidenten in verschiedenen Ländern (z.B. in Frankreich, den USA, Deutschland oder Italien) aus?

7. Wo gibt es mittelbare Wahlen und wie funktionieren diese?

8. Was sagt Art. 7 des EU-Vertrags von Lissabon?

9. Finde Beispiele für Demokratien, in denen das Volk nicht der eigentliche Souverän ist!

10. In welchen Ländern ist die Justiz vollständig oder teilweise von der Exekutive abhängig?

11. In welchen Ländern gibt es eine zweite Kammer des Parlaments und welche Funktionen haben die Kammern?

12. Finde Beispiele für Proteste gegen Diktatoren!

13. Wie hoch waren die Opfer unter Soldaten und unter der Zivilbevölkerung?
Wie viele Menschen wurden im Holokaust ermordet?
Vergleiche die Gesamtzahl der Opfer mit der Bevölkerung eines Landes der EU!

14. Was bedeutet Laizismus? Seit wann existiert der Laizismus und wo?

15. Nenne die entsprechenden obersten Organe anderer Ländern (FR, IT, AT, CH, ...)!

16. Wie unterscheidet sich hiervon das Mehrheitswahlrecht, z.B. in Frankreich?

17. Vergleiche die Namen für Regierung, Kanzler, Minister mit denen in anderen Ländern tabellarisch!

18. Suche Beispiele in der Welt!

19. Nenne BVerfG-Urteile zu Einschränkungen von Grundrechten!

20. Ist Chefredaktionen und Herausgebern eines Mediums Zensur möglich und erlaubt ?

21. Wann müssen Demonstrationen angemeldet werden? Was ist der Unterschied zwischen einem Demonstranten und einem Spaziergänger?

22. Kann eine Diktatur ein Rechtsstaat sein?

23. Welche Umstände beeinflussen besonders stark die unterschiedlichen Lebensbedingungen?

24. Wie kam es zur ersten Genfer Konvention? Welche Rolle spielte dabei Henry Dunant? Was hat das Rote Kreuz damit zu tun? Was hat das „M" in den CMYK Druckerfarben mit der Stadt Magenta in Oberitalien zu tun?

25. Suche Gründe, warum der Völkerbund im wesentlichen gescheitert ist. Hat er dennoch zu etwas genützt?

26. Diskutiere mögliche Gründe für die geringe Anerkennung Taiwans!

27. Was bedeutet: Vetorecht?

28. Was bedeutet dies in Zahlen, insbesondere im Verhältnis zum Staatshaushalt?

29. Vergleiche das Budget der EU mit dem aller Mitgliedsstaaten zusammen. Wie wird der EU-Haushalt gefüllt? Welche nichtagrarischen Ausgaben gibt es und wie sind sie auf die EU-Länder verteilt?

Stichwortverzeichnis